Couvertures supérieure et inférieure
manquantes

# LES PRISONS

Les prisons sont très-nombreuses en Bretagne au XVIIIᵉ siècle, moins nombreuses cependant que les tribunaux. La justice royale seule, indépendamment des tribunaux civils et criminels, comme le Parlement, les quatre Présidiaux de Rennes, Vannes, Nantes et Quimper, et vingt-six sénéchaussées, présente huit groupes de juridictions spéciales, civiles ou militaires, comme les tribunaux de commerce, les tribunaux de police, les monnaies, les eaux-et-forêts, les traites, l'amirauté, la maréchaussée, les conseils de guerre. Le nombre des tribunaux qui relèvent du roi n'est rien à côté de celui des juridictions seigneuriales, investies, suivant leur importance, du droit de haute, moyenne ou basse justice. Il y en a tant, sur tous les points de la province, que l'administration s'y perd et se déclare incapable de les compter. Elles sont tellement rapprochées les unes des autres, que leurs juges manquent de clientèle. Beaucoup en sont réduits à ne tenir leurs assises que tous les deux ans[1]. Plus de neuf cents seigneuries sont investies du droit de haute justice; celles qui n'exercent que la moyenne ou la basse justice sont en bien plus grand nombre[2].

1. Arch. d'Ille-et-Vil., C, 1818. — 2. Ibid. C, 1819.

1

La Bretagne aurait dû comprendre au moins vingt-neuf prisons royales. En réalité, elle n'en comprend que vingt-sept. La sénéchaussée du Gavre est si peu importante, qu'elle n'a pas besoin de prison [1]. Celle de Jugon est plus considérable, mais sa prison, détruite par un incendie à la fin du xviiᵉ siècle, n'a pas été rebâtie. Dans les rares occasions où les juges condamnent un malfaiteur, ils l'envoient à Lamballe [2]. La justice royale aurait besoin d'une prison à Vitré, où siège un tribunal des traites : elle se contente d'emprunter celle du duc de la Trémoille, baron de Vitré [3]. Quelques prisons royales sont souvent vides de pensionnaires, comme celle de Belle-Isle-en-Mer [4]. Il est si rare qu'elle ait des prisonniers, qu'elle n'a pas même de geôlier. En 1746, elle servit pendant dix mois à loger un prisonnier : il fallut employer un huissier pour le garder [5]. Les prisons de Gourin, Châteauneuf-du-Faou, Bazouges-la-Pérouse, Saint-Aubin-du-Cormier, Carhaix, ne sont guère occupées qu'en temps de guerre ou lors du passage des troupes. Elles se remplissent alors de soldats mutins ou de déserteurs.

Les prisons royales servent en même temps à toutes les juridictions royales dans le ressort desquelles elles sont placées. Ainsi, la prison de Bazouges-la-Pérouse est commune à la sénéchaussée de Bazouges et à la maîtrise des eaux-et-forêts de Villecartier [6]. Celle de Fougères est commune au Parlement, au Présidial de Rennes, à la sénéchaussée de Fougères, au tribunal des traites et au tribunal de commerce [7]. Enfin, toutes les prisons, dans les villes qui n'ont pas de corps de garde, reçoivent les soldats punis par leurs officiers et remplacent ce que nous appelons maintenant la salle de police [8].

En vertu de l'ordonnance criminelle de 1670, tout seigneur

1. Arch. d'Ille-et-Vil., C, 109. — 2. Ibid. C, 111. — 3. Ibid. C. 116. — 4. Ibid. C, 118. — 5. Ibid. C, 12. — 6. Ibid. C. 106. — 7. Ibid. C, 113. — 8. Ibid. C, 2163.

haut justicier doit avoir sur le territoire de sa seigneurie une prison solide et bien entretenue, dans laquelle il est forcé de recevoir les malfaiteurs et vagabonds, en quelque lieu qu'ils aient été capturés[1]. Mais cette ordonnance est restée lettre morte. Les seigneurs ont soin de conserver et d'entretenir les fourches patibulaires, qui sont la marque extérieure de leur autorité judiciaire[2]. Quant aux prisons, les seuls qui en élèvent sont les grands personnages, comme les évêques, les seigneurs de Léon, Guémené, Penthièvre, Vitré, Ancenis, Châteaubriant. La plupart des autres seigneurs n'ont que des prisons dérisoires, comme celles de Quimerc'h et du Faouët[3], ou même n'en ont pas du tout. « De vingt-cinq seigneuries qui relèvent de la juridiction de Léon, à Lesneven, il n'en est que deux qui aient des prisons[4]. » Plus de deux cents seigneurs hauts justiciers en sont réduits à emprunter les prisons du roi. Quarante-trois seigneurs laïques ou ecclésiastiques empruntent celles de Rennes[5], trente-et-un celle de Hédé[6], vingt-trois celle de Lesneven[7], vingt-et-un celle de Lannion[8], quinze celle de Carhaix[9], quatorze celle de Morlaix[10]. En 1772 parut une ordonnance qui autorisait les juges seigneuriaux à renvoyer tous les criminels devant les juges royaux. Les juges seigneuriaux se hâtèrent de se débarrasser des procès criminels, qui ne leur rapportaient rien. Les prisons seigneuriales devinrent alors inutiles pour le service de la justice criminelle et ne reçurent plus que des prisonniers pour dettes ou des individus condamnés pour délits de police[11].

Chaque prison devrait comprendre au moins deux chambres civiles destinées aux prisonniers pour dettes, deux chambres pour les prisonniers des deux sexes arrêtés par sentence des

1. Arch. d'Ille-et-Vil., C, 118. — 2. Ibid. C, 134. — 3. Ibid. C, 114. — 4. Ibid. C, 123. — 5. Ibid. C, 124. — 6. Ibid. C. 110. — 7. Ibid. C, 112. — 8. Ibid. C. 110. — 9. Ibid. C. 111. — 10. Ibid. C, 112. — 11. Ibid. C, 123.

juges de police, deux chambres criminelles pour les accusés
des deux sexes, deux cachots pour les condamnés, une chambre
pour loger le geôlier, une chapelle, une infirmerie, une cour
pour faire prendre l'air aux prisonniers. Il faudrait, en outre,
une chambre pour l'interrogatoire des criminels, un hangar
pour le bois et la paille. Même dans le cas où les prisons
seraient aménagées conformément aux conditions que nous
venons d'indiquer d'après la correspondance des intendants,
elles offriraient encore bien des inconvénients. Les criminels,
réunis dans la même chambre, peuvent en effet se concerter,
soit pour dérouter les juges lors des interrogatoires, soit pour
préparer leur évasion. Enfin, les malfaiteurs ainsi réunis ne
peuvent que se corrompre mutuellement et s'endurcir au mal.
Cependant, quoique ces conditions soient indispensables, il est
peu de prisons où elles soient remplies. Toutes les prisons de
Bretagne ont un défaut commun, c'est de n'offrir qu'un nombre
insuffisant d'appartements. Celle de Concarneau ne comprend
que deux chambres, dont une forme le logement du geôlier.
Dans l'autre sont entassés pêle-mêle les prisonniers de tout
sexe et de toute origine [1]. A Antrain, « la prison ne consiste
que dans deux chambres et un cachot noir. Le concierge ne
peut y faire sa demeure, et conséquemment il est obligé à des
soins et des démarches onéreuses pour veiller à la garde des
prisonniers et pour leur service [2]. » A Auray, la prison comprend « un cachot qui devient inutile l'hiver par la quantité
d'eau qui y séjourne, une chambre criminelle et le grenier
qui est au-dessus, qui sert de chambre civile. Il n'y a pas de
logement pour les femmes, ce qui arrête le cours de la justice [3]. » En 1768, « l'insuffisance des appartements y retient
un homme dont les délits ne peuvent être suivis, parce que
sa femme, aussi méchante que lui, décrétée de prise de corps,

1. Arch. d'Ille-et-Vil., C, 108. — 2. Ibid. C, 131. — 3. Ibid. C, 106.

ne peut être arrêtée, n'ayant pas où la loger. » Quand on a plusieurs complices d'un même crime, il est impossible de les interroger séparément. « La police est totalement interrompue, écrit le sénéchal. Les coureurs de nuit et perturbateurs du repos public agissent sans crainte, sachant qu'on ne peut sévir contre eux, » parce que la prison est trop petite pour les recevoir [1].

A Quimper, où siège cependant un des quatre Présidiaux de la province, « les prisons consistent en quatre appartements et un petit caveau. Le rez-de-chaussée est occupé par le geôlier, la chambre au premier étage sert de chambre criminelle. Dans un des recoins on a dressé une cloison qui sert de séparation, mais peu sûre, pour enfermer les femmes. Au second étage est une chambre pour les prisonniers civils, et au troisième, enfin, est une chapelle. Sous l'escalier est le caveau qui sert de cachot. Ces prisons sont beaucoup trop petites et l'insuffisance des logements occasionne des communications qu'on doit toujours éviter. Deux malfaiteurs accusés du même crime ne peuvent être séparés, et l'on sent parfaitement les dangereuses conséquences qui naissent de cette impossibilité de séparation. Les hommes et les femmes ne peuvent pas non plus être bien séparés dans les prisons de Quimper : on a vu plus d'une fois les effets de ce défaut de séparation. La chambre qu'on appelle civile est aussi incommode. Elle sert en même temps à renfermer les prisonniers pour dettes, les prisonniers de passage, ceux des régiments et ceux des milices gardes-côtes [2]. » Dans toutes les prisons, quand le geôlier a des chambres libres à sa disposition, il est autorisé à les louer aux prisonniers pour dettes qui les demandent. A Quimper, la seule chambre qu'il ait à offrir est la chapelle. Il y dresse des lits pour les prisonniers de distinction, à raison de 12 liv.

1. Arch. d'Ille-et-Vil., C, 117. — 2. Ibid. C, 113.

par an. Ces prisons si étroites n'appartiennent pas même au roi. Elles sont la propriété d'un particulier, qui les loue moyennant 300 liv. par an[1].

La sénéchaussée de Ploërmel est une des plus étendues de la province. Son ressort embrasse cent quatre-vingt-dix-neuf paroisses. La prison de Ploërmel n'en est pas moins beaucoup trop petite pour un si vaste ressort. Elle n'a pas assez de chambres pour permettre de séparer les hommes et les femmes, ce qui amène des désordres monstrueux. « Il y a toujours ici neuf ou dix accusés de crimes, écrit en 1782 le sénéchal Tuault, subdélégué de l'intendant. Il passe habituellement des déserteurs, des mendiants. des filles. Tout cela est confondu. Il se passe des désordres qu'on prévoit et qu'on ne peut empêcher, même en plein jour et devant témoins. J'y suis descendu une fois en robe, mais un peu trop tard pour m'opposer à l'union illicite de douze déserteurs et douze coquines, qui venoit d'avoir lieu sous les yeux et malgré les cris et les remontrances de la geôlière et de quelques personnes charitables qui s'étoient rendues aux prisons pour soulager les malheureux[2]. »

A Lesneven, la prison est presque toujours insuffisante pour une sénéchaussée qui embrasse la plus grande partie du pays de Léon. Quand elle est encombrée, ce qui arrive souvent, le geôlier entasse dans la chapelle les criminels des deux sexes. En général, il étend un rideau devant l'autel[3]; mais il n'a pas toujours cette précaution. Nous avons remarqué, dit dans un rapport le grand vicaire de l'évêque de Léon, « que ladite chapelle est exposée à être journellement profanée par les juremens, les blasphèmes et conversations indécentes des prisonniers; que l'autel servoit indifféremment aux prisonniers pour divers usages profanes, et que la pierre sacrée qui y est appo-

1. Arch. d'Ille-et-Vil., C, 125. — 2. Ibid. C, 134. — 3. Ibid. C, 112.

sée pouvoit être rompue par les personnes qui montent et s'asseoient sur ledit autel. » Il menace d'interdire la chapelle si l'on ne remédie à ce désordre. On en est réduit à substituer au rideau du geôlier une cloison qui s'ouvre au moment des offices[1].

La prison de Rennes devrait avoir des dimensions respectables. C'est la plus importante de la province, celle qui comprend le plus de prisonniers de toute espèce, à cause du voisinage du Parlement. Elle constitue une véritable maison centrale, où sont amenés tous les accusés qui, des sentences prononcées contre eux par les tribunaux de première instance, en appellent au Parlement. Elle est sur bien des points mieux outillée que les autres prisons. Elle a une vaste chapelle, une infirmerie bien tenue, un chapelain en titre qui loge dans l'établissement, un médecin et un chirurgien. Elle n'en est pas moins beaucoup trop petite et mal distribuée. « Les hommes, quoique séparés des femmes, peuvent leur parler d'une cour à l'autre. La galerie du premier étage, où sont les criminels, domine sur la cour des femmes. » Cette cour même est trop étroite pour sa longueur; l'air ne s'y renouvelle pas[2].

Les prisons qui possèdent une chapelle sont une exception. On en trouve qui n'ont même pas de cour pour faire prendre l'air aux prisonniers[3]. Les infirmeries sont encore plus rares que les chapelles. Il faut, pour les fonder et les entretenir, le zèle et les aumônes des personnes charitables. L'administration n'y contribue en rien et ne s'en mêle jamais. En 1740, à Rennes, un incendie dévore une partie de la prison, brûle le linge et le mobilier de l'infirmerie. Les sœurs et le chirurgien réclament les secours de l'État pour réparer le désastre. Le contrôleur général leur refuse absolument toute indemnité. « Il ne paroit pas, leur dit-il, que les meubles de l'infirmerie

1. Arch. d'Ille-et-Vil., C, 123. — 2. Ibid. C, 111. — 3. Ibid. C, 108.

des prisons aient jamais été entretenus aux dépens du Domaine, et cela ne se pratique même dans aucune prison royale[1]. » Il n'y a d'infirmerie que dans les prisons considérables, comme celles de Rennes, Nantes, Vannes, ou dans les prisons reconstruites aux approches de la Révolution, comme celles de Lesneven et Saint-Brieuc. A Lesneven même, en construisant une infirmerie, on oublie de la meubler : on la laisse sans lits[2].

En général, les prisons sont mal placées, mal bâties, humides et malsaines. Ce sont presque toujours de vieilles constructions féodales transformées en prisons parce qu'on ne savait à quoi les employer. A Nantes, la prison est le palais qu'habitaient les ducs de Bretagne avant d'avoir fait bâtir le château[3]. Il en est de même, à Rennes, de la prison de la porte Saint-Michel. Cette prison se trouve dominée d'un côté par les remparts, de l'autre par des maisons particulières qui l'entourent et y laissent à peine pénétrer les rayons du soleil[4]. A Dinan, la prison est formée de deux tours qui s'élèvent dans les remparts[5]. Il en est de même à Fougères[6]. A Brest, ce sont deux tours à l'entrée de la porte du Château. L'une de ces tours sert de prison militaire, l'autre est réservée aux prisonniers civils et aux criminels. Les appartements pratiqués dans ces tours sont obscurs, étroits, incommodes, à peine aérés[7]. « Il n'existe pas de cachots plus horribles et plus meurtriers que ceux de Brest, » écrit en 1786 l'évêque de Léon[8]. A Quimper, la prison « est située dans un endroit où le soleil ne paroit jamais et où il règne tant d'humidité, que la paille qu'on donne aux prisonniers y pourrit en très-peu de temps, de sorte qu'ils sont presque toujours couchés sur le fumier[9]. »

De pareils établissements sont des foyers de putréfaction.

1. Arch. d'Ille-et-Vil., C, 36. — 2. Ibid. C, 134. — 3. Ibid. C, 124. — 4. Ibid. C, 127. — 5. Ibid. C, 109. — 6. Ibid. C, 111. — 7. Ibid. C, 107. — 8. Ibid. C, 118. — 9. Ibid. C, 125.

Dans la prison de Brest « règne une infection qui met à une cruelle épreuve la charité la plus courageuse[1]. » A Auray, « l'air qu'on respire est d'une infection insupportable et très-dangereuse. » Les criminels s'évadent, « ou bien ils seroient exposés à périr dans ce lieu de corruption[2]. » A Ploërmel, écrit en 1782 le sénéchal Tuault, « la puanteur, la maladie et la mort sont enracinées dans le réduit trop étroit de la prison. Tout accusé ou débiteur qui y entre est à peu près sûr d'être sous quinze jours attaqué de la fièvre maligne, qui en a fait périr plusieurs, entre autres toute la famille du concierge, père de celui-ci. Elle y règne depuis cinq ou six ans. Ses germes sont collés aux murs, aux planchers. C'est un lieu où l'on ne respire que des miasmes malins et pestilentiels. Le chirurgien, le curé, les gardes-malades, tout ce qui approchoit des prisonniers dans le fort de la crise a eu la fièvre maligne, hors le greffier et moi, sur lesquels, sans avoir agi vivement, elle fait peut-être l'effet d'un poison lent. » Cependant, quand il se rendait à la chambre criminelle pour interroger les accusés, il portait avec lui du vinaigre des quatre voleurs, afin de conjurer le mauvais air. Il évite de condamner personne à la prison pour délit de police, parce que ce serait condamner les coupables à la maladie[3].

La plupart des prisons sont à chaque instant décimées par d'effroyables épidémies. En 1768, une maladie contagieuse se déclare dans la prison de Rennes. En quelques jours elle enlève trente prisonniers; beaucoup d'autres sont réduits à la dernière extrémité[4]. En 1786, survient une autre épidémie tout aussi meurtrière[5]. En 1787 s'élève dans la prison de Lorient une épidémie encore plus grave. Cette prison, quoique construite au XVIIIᵉ siècle, forme un bâtiment long, étroit,

1. Arch. d'Ille-et-Vil., C, 118. — 2. Ibid. C, 117. — 3. Ibid. C, 136. — 4. Ibid. C, 115. — 5. Ibid. C, 138.

mal aéré. On y a entassé des prisonniers pour dettes, des filles de joie, des criminels, des contrebandiers, même des nègres échappés, qu'un navire doit reconduire aux Antilles. Le plus fort contingent est celui des contrebandiers, arrêtés pour avoir vendu du tabac en fraude. Ils étaient emprisonnés sur la réquisition des fermiers généraux, qui les laissaient sans secours, sans linge, sans vêtements de rechange. L'épidémie enleva rapidement le tiers des détenus, atteignit le reste et se répandit dans les maisons voisines. Sur les instances de l'intendant Bertrand de Molleville, on assainit la prison, on transporta les malades à l'hôpital ; on leur improvisa une infirmerie, on élargit les contrebandiers qui n'avaient pas encore été traduits devant les tribunaux. On arrêta ainsi les progrès du fléau [1].

En général les prisons sont si vieilles, si délabrées, qu'elles n'offrent aucune solidité. Sans cesse les prisonniers percent les murs et prennent la fuite. A Rennes, « les murs, du haut en bas, ne valent rien, la chaux et le sable n'ayant plus de liaison par l'humidité qui y règne, ce qui occasionne de fréquents effondrements de la part des prisonniers, qui n'ont besoin pour cela que de leur couteau et d'un morceau de bois qu'ils cassent de leur lit [2]. » A Lesneven, « la prison n'est bâtie qu'en simple mortier ; les murs sont faibles, vieux et pourris en partie. Les prisonniers trouvent toujours moyen de les percer en quelque endroit [3]. » La prison de Morlaix est tellement délabrée en 1785, qu'il n'est plus possible de la réparer [4]. A Hédé, la prison s'écroule de fond en comble en 1755 [5]. A Saint-Brieuc, il faut chaque jour réparer les murs, qui chaque jour se lézardent. « Un simple morceau de bois est le seul instrument nécessaire pour faire en peu de temps,

1. Arch. d'Ille-et-Vil., C, 124. — 2. Ibid. C, 127. — 3. Ibid. C, 123. — 4. Ibid. C, 124. — 5. Ibid. C, 110.

dans la partie la plus solide des murs, des dégâts considérables[1]. » A Quimperlé, la porte d'entrée de la prison « est si pourrie par le bas, que les clous ne pourroient soutenir les planches qu'on y mettroit[2]. » A Morlaix, la chapelle est dans un état si lamentable, qu'il devient impossible d'y célébrer la messe. Une des tours de la prison menace ruine et ne vaut plus la peine d'être réparée[3]. A Carhaix, en 1764, la prison est tellement délabrée, que le sénéchal est obligé de la faire réparer d'urgence et à ses frais[4]. A Antrain, en 1769, une partie des murs s'écroule brusquement sur une maison voisine; le reste se lézarde et prend une inclinaison menaçante[5]. En 1777, l'intendant écrit à M. de Beaumont, directeur général des Domaines : « Par le compte que je me suis fait rendre de l'état des prisons royales dans cette province, je vois que presque toutes sont dans le plus grand délabrement. Aussi M. le garde des sceaux verra par l'état des crimes que je suis sur le point de lui envoyer, que presque tous les prisonniers s'évadent, parce que les prisons, établies pour la plupart dans de vieux bâtiments, sont en trop mauvais état pour les contenir. Il y en a plusieurs qui ne sont pas même susceptibles de réparation et qu'il faudroit reconstruire[6]. »

Les prisons seigneuriales ne valent pas mieux que les prisons royales. Celle de Lorient, où survint l'épidémie dont nous avons parlé, est une prison seigneuriale appartenant au prince de Guémené. La prison de Port-Louis offre si peu de sécurité, qu'en 1770 le gouverneur de la place fit enchaîner tous les prisonniers[7]. En 1733, huit malfaiteurs s'échappent à la fois de la prison du regaire ou fief épiscopal de Tréguier, dont les murs sont trop mauvais pour résister à un effondrement[8]. Les prisons de Quimerc'h et du Faouët sont si mal

1. Arch. d'Ille-et-Vil., C. 130. — 2. Ibid. C. 114. — 3. Ibid. C, 126. — 4. Ibid. C, 119. — 5. Ibid. C, 118. — 6. Ibid. C, 121. — 7. Ibid. C, 2688. — 8. Ibid. C, 2458.

construites qu'on n'ose y enfermer les criminels; on les envoie à Quimperlé[1]. La prison du regaire de Saint-Malo est beaucoup trop petite, bien qu'elle serve en même temps pour le fief du chapitre, l'amirauté, la police, le tribunal de commerce, les traites et plusieurs juridictions seigneuriales. « A l'exception de la chapelle, des grilles et des fenêtres des trois chambres des hommes, tout y est en mauvais état, principalement le cachot qui donne dans la cour de l'évêché et dont le mur n'a que dix-huit pouces d'épaisseur. » De ce cachot s'évadent neuf prisonniers à la fois en 1771[2]. En 1786, on est forcé de reconstruire entièrement cette prison, la seule de la ville[3]. Il n'y a dans toute la province qu'une prison seigneuriale solide et bien aménagée. C'est celle de Vitré, grâce aux soins du duc de la Trémoille[4].

Les prisons royales sont surveillées à Rennes par une commission de conseillers du Parlement, dans les autres villes par les juges royaux. Elles font partie du Domaine de la Couronne. Sur plusieurs points de la province, le Domaine est engagé depuis la fin du xviie siècle à différents seigneurs qui en perçoivent les revenus. Le Domaine de Rhuis est engagé à la princesse de Conti, dont les droits passent au duc de la Vallière, son héritier[5]; celui de Morlaix au marquis de Goësbriand, qui transmet ses droits à son gendre, M. de Saint-Tropez[6]; celui d'Antrain, Auray, Bazouges, Carhaix, Dinan, Fougères, Hennebont, Jugon, Lannion, Lesneven, Ploërmel, Quimper et Quimperlé au duc de Penthièvre, héritier du comte de Toulouse[7]. En 1763, un arrêt du Conseil enleva aux engagistes les charges et les profits qui résultaient de l'entretien des prisons. Toutes les prisons royales furent ainsi ramenées sous l'autorité directe de la Couronne. Plusieurs

1. Arch. d'Ille-et-Vil., C, 114. — 2. Ibid. C, 130. — 3. Ibid. C, 93. — 4. Ibid. C, 116. — 5. Ibid. C, 115. — 6. Ibid. C, 112. — 7. Ibid. C, 106-116.

d'entre elles cependant conservèrent des traces de l'ancienne organisation féodale. Ainsi, la prison de Châteaulin a pour geôlier héréditaire M. de Penfenténio, seigneur de Mesgrel, sergent voyer de la sénéchaussée. A son titre de sergent voyer est attachée la terre de Rosarnou, qui lui donne 2,000 livres de revenu. M. de Penfenténio est chargé de l'entretien et de la garde de la prison. Il n'exerce pas lui-même les fonctions de geôlier, il les délègue à un commis[1]. La prison de Ploërmel a pour geôlier féodal le comte de Brilhac, en qualité de seigneur de Crévy[2]. A Quimperlé, M. de Tinténiac, comme sergent féodé seigneur de Quimerc'h, a les mêmes attributions. C'est lui qui désigne le geôlier. En cas d'exécution capitale, d'autres seigneurs sont tenus de fournir la potence et de payer le bourreau[3].

Ce sont là des bizarreries qui font sourire les agents de l'administration, particulièrement les subdélégués de l'intendant, mais qui ne changent rien au régime général des prisons. Ce régime est aussi simple que possible. L'administration des prisons au xviiiᵉ siècle n'offre aucun rouage compliqué. Elle est restée ce qu'elle était au moyen-âge. Une prison n'a qu'un personnage à sa tête : le geôlier. Dans les prisons importantes il prend des guichetiers à son service, mais son caractère ni ses fonctions ne subissent aucun changement. Le geôlier n'est pas un administrateur, mais un entrepreneur qui, sous certaines conditions, se charge de garder et de nourrir les prisonniers à ses risques et périls, sans autres gages que les bénéfices qu'il peut réaliser sur son entreprise. Primitivement même, les geôliers étaient des fermiers, dont chacun se faisait adjuger aux enchères la garde d'une prison royale ou seigneuriale. Alors, écrit en 1769 le contrôleur général Maïnon d'Invau, « la garde des prisons,

1. Arch. d'Ille-et-Vil., C, 109. — 2. Ibid. C, 113. — 3. Ibid. C, 126

bien loin d'être onéreuse au roi, produisoit un revenu fixe qui faisoit partie de la ferme du Domaine [1]. » Pendant long-temps les seigneurs de Crévy avaient tiré de bons revenus de la ferme des prisons de Ploërmel [2]. L'usage d'affermer la garde des prisons royales fut abandonné en 1724. Il resta en vigueur pour plusieurs prisons seigneuriales. La prison de Vitré est encore affermée à la fin du règne de Louis XV; le bail dépend de la ferme générale de la baronnie de Vitré [3]. Au reste, le produit de ces sortes de fermes diminue d'année en année. Pour les seigneurs, aussi bien que pour le roi, l'entretien des prisons devient une lourde charge au lieu d'être un avantage.

Dans chaque prison, la seule autorité constituée est le geô-lier, qui agit en maître sous la surveillance des magistrats. A Rennes, trois autres personnages paraissent à côté de lui : ce sont le chapelain, l'apothicaire et le chirurgien. Un arrêt du Conseil du 3 août 1684 attribue au chapelain un logement dans la prison et une amende de 75 liv. à titre de gages. Le chirurgien et l'apothicaire reçoivent chacun deux amendes de 75 liv. [4] Mais ces trois personnages n'ont aucune autorité administrative et ne peuvent empiéter sur les attributions du geôlier. De ces attributions, la plus importante est la garde des prisonniers, dont le geôlier est responsable au point qu'en cas d'évasion causée par sa négligence, il peut être emprisonné lui-même et mis aux fers [5]. Quand une prison manque de geôlier, ce qui arrive quelquefois, ce sont les huissiers qui le remplacent et veillent sur les prisonniers [6]. Dans les circonstances graves, où le geôlier et ses guichetiers craignent soit une révolte, soit une évasion en masse, ils appellent à leur secours tantôt la maréchaussée [7], tantôt les

1. Arch. d'Ille-et-Vil., C, 126. — 2. Ibid. C, 125. — 3. Ibid. C, 116. — 4. Ibid. C, 50. — 5. Ibid. C, 120. — 6. Ibid. C, 132. — 7. Ibid. C, 59.

troupes de la garnison [1] ou la milice bourgeoise [2], qui n'interviennent jamais gratuitement. Il faut toujours leur accorder des indemnités ou des gratifications pour prix de leurs services [3].

L'entretien des prisonniers peut être à la charge du roi, ou bien à la charge des seigneurs, des régiments, des fermiers généraux, des créanciers. Quelquefois même les prisonniers sont forcés de s'entretenir à leurs frais. En vertu d'une ordonnance de l'année 1680, chaque prisonnier reçoit 3 sous par jour pour sa nourriture. Le geôlier reçoit en outre un droit de gîte et de geôlage, pour prix duquel il est tenu de fournir l'eau et la paille nécessaires aux détenus. La quotité du droit de gîte et de geôlage varie suivant l'origine du prisonnier. Il est de 1 sou par jour et par tête pour les prisonniers à la charge du roi, de 3 sous pour les prisonniers dont l'entretien est à la charge des particuliers ou qui s'entretiennent à leurs propres dépens. Les prisonniers de police qui ne passent que quelques heures en prison paient un droit d'entrée et de sortie dont le total est de 24 sous par tête. Les soldats pour qui la prison tient lieu de salle de police paient aussi un droit d'entrée et de sortie, mais il n'est que de 10 sous [4]. Ce sont les droits de gîte et de geôlage et les droits d'entrée et de sortie qui constituent les bénéfices du geôlier.

Les prisonniers pour dettes, quand ce sont « des personnes de considération, » ou qui possèdent quelque aisance, peuvent louer une chambre séparée et un lit sérieux, si le geôlier est assez riche, la prison assez vaste pour leur offrir ces objets de luxe [5], ce qui n'arrive pas toujours. Les prisonniers de passage peuvent même obtenir soit un lit à deux, soit un lit à une seule place, à condition de payer au geôlier un supplé-

1. Arch. d'Ille-et-Vil., C, 132. — 2. Ibid. C, 138. — 3. Ibid. C, 128. — 4. Ibid. C, 65. — 5. Ibid. C, 130.

ment de 3 sous par jour dans le premier cas, de 5 dans le second [1]. Mais ce sont là des raffinements de délicatesse que ne peuvent se permettre qu'un petit nombre de détenus. La plupart des prisonniers n'ont pour lit qu'une couchette de paille. Le geôlier leur doit tous les huit jours une botte contenant 12 livres de paille fraîche [2]. Comme nourriture, leur ordinaire se compose d'eau et de pain à perpétuité. Encore n'ont-ils pas le pain à discrétion. Un arrêt du Parlement de Rennes, en date du 16 octobre 1688, porte « que les prisonniers civils et criminels doivent avoir, de deux jours l'un, trois pains de bon froment pesant chacun 10 onces, pour ceux qui sont dans les chambres et hors des basses-fosses, et ceux qui sont dans les basses-fosses quatre pains de pareil poids. L'autre jour il doit être donné 3 sous à chacun desdits prisonniers indifféremment, pour employer à ce que bon lui semblera [3]. »

C'est là une prescription très-sage et très-bienfaisante. Malheureusement, elle est complètement impraticable. Le prisonnier n'a que 3 sous pour sa nourriture. Cette somme ne suffit même pas toujours pour lui procurer la ration ordinaire de 24 onces de pain par jour, à cause des brusques variations du prix des céréales. Ainsi, à Lesneven, en 1769, la livre de pain « de seigle fromenté » coûte 3 s. 6 d., de sorte qu'un prisonnier n'est pas même en état d'en acheter une livre par jour [4]. Ces sortes d'accidents se renouvellent souvent. En pareil cas, le contrôleur des finances accorde aux détenus un faible supplément de solde. Quelquefois même le Parlement, quand il y a urgence, prend les devants et ordonne d'office un supplément de solde payé par le Domaine pour les prisonniers à la charge du roi, par les particuliers pour les détenus qui sont à leur charge. A Rennes, la solde des prisonniers est

1. Arch. d'Ille-et-Vil., C, 65. — 2. Ibid. C, 8. — 3. Ibid. C, 111. — 4. Ibid. C, 112.

portée à 4 sous par jour en 1769[1]. A Saint-Brieuc, en 1768,
un ordre du premier président l'élève au même chiffre[2]. Les
militaires sont plus favorisés que les autres prisonniers : ils
ne risquent jamais de mourir de faim, parce qu'ils reçoivent
leur pain du régiment[3].

Le mode de paiement de la solde varie suivant la condition
des prisonniers et suivant les prisons. Le créancier qui fait
emprisonner son débiteur est tenu de payer toujours un mois
d'avance. Il a donc à verser 9 liv. par mois, soit 6 sous par
jour, dont moitié pour la nourriture de son débiteur et moitié
pour droit de gîte et de geôlage[4]. Si le créancier néglige de
payer, le débiteur recouvre sa liberté quinze jours francs après
la date du jour où devait être consignée sa solde. « Je trouve
cette condition bien dure, dit un subdélégué. Le prisonnier
manque ainsi de pain pendant quinze jours. Il me semble
qu'il seroit juste qu'il fût nourri au moins au pain du roi[5]. »
Quant aux prisonniers criminels, leur solde est avancée par le
geôlier, qui se fait rembourser par le Domaine. En certaines
prisons, la solde des détenus leur est payée en nature. C'est
ce qui arrive à Brest, où ils reçoivent une quantité de pain
qui varie suivant le prix des céréales[6]. A Hennebont, le geôlier délivre aux prisonniers, suivant ce qu'ils préfèrent, soit
les 3 sous réglementaires, soit un pain de seigle de 5 sous
pour deux jours[7]. Quand les prisonniers reçoivent leur solde
en argent, ils achètent eux-mêmes leur pain. A Rennes, tous
les boulangers de la ville sont obligés d'apporter, à tour de
rôle et chacun pendant trois semaines, le pain nécessaire, bon
et bien conditionné, au prix fixé par une pancarte affichée dans
les prisons[8]. Le même usage existe dans d'autres villes, mais

1. Arch. d'Ille-et-Vil., C, 115. — 2. Ibid. C, 107. — 3. Ibid. C, 115.
— 4. Ibid. C, 115. — 5. Ibid. C, 113. — 6. Ibid. C, 115. — 7. Ibid.
C, 111. — 8. Ibid. C, 115.

il n'est pas du goût des boulangers, auxquels il impose une corvée souvent ruineuse [1].

La faculté laissée aux geôliers de payer en argent la solde des prisonniers est un des plus graves abus qui règnent dans les prisons. « Quand les prisonniers ont reçu leur subsistance en argent, ils en font l'usage qui leur plaît. Les uns le jouent, le perdent et n'ont plus ensuite de quoi acheter du pain ; les autres le convertissent en boisson. Enfin, les prisonniers se volent entre eux, ce qui d'une part occasionne des querelles, et de l'autre met plusieurs prisonniers dans le cas de manquer de pain, de sorte qu'ils deviennent souvent malades de faim [2]. » Aussi bien, cette solde de 3 sous par jour, suffisante peut-être en 1680, est devenue dérisoire au xviii⁰ siècle, parce que le développement de la richesse publique a fait baisser la valeur du numéraire et augmenter le prix de toutes les denrées. Avec 3 sous par jour, un prisonnier qui n'a pas de métier à son service pour lui procurer quelque léger salaire, n'a pas de quoi vivre [3]. Quand même le gouvernement augmenterait cette solde dans des proportions sérieuses, l'humanité ne serait pas encore satisfaite, la société n'aurait pas rempli sa tâche envers les malheureux qu'elle est forcée de rejeter de son sein. « C'est un grand abus, écrit en 1787 l'intendant Bertrand de Molleville, que les prisonniers, même les plus criminels, soient abandonnés sans aucun secours dans des lieux infects, où les gens les plus charitables n'osent aller les visiter. Le roi donne aux prisonniers ce qui leur est nécessaire pour ne pas mourir de faim, et rien au-delà. S'ils sont malades, s'il leur faut un lit, du linge, des habits, c'est la charité qui le leur fournit [4]. »

1. Arch. d'Ille-et-Vil., C, 134. — 2. Ibid. C, 128. — 3. Ibid. C, 112. — 4. Ibid. C, 128.

Le principe sur lequel repose le régime des prisons sous l'ancien régime est, en effet, que la justice ne doit aux détenus que ce qui leur est absolument nécessaire pour ne pas mourir de faim. Aussi n'ont-ils pour lit qu'une botte de paille, pour nourriture que du pain et de l'eau. Le linge, les vêtements quand ils sont en bonne santé, les soins et les remèdes quand ils sont malades, sont autant d'objets de luxe dont l'État ne s'occupe pas. C'est aux prisonniers de se procurer ce qui leur manque, soit par le travail, soit surtout en implorant la pitié des âmes charitables. La charité, en effet, est partout en éveil; chaque jour elle s'évertue pour adoucir le sort des prisonniers. Elle leur prodigue à la fois les secours spirituels et temporels. La plupart des chapelles bâties dans les prisons et les offices qu'on y célèbre ne sont autre chose que des fondations pieuses[1]. Quant aux secours matériels, les prisonniers· en reçoivent continuellement. Chaque jour arrivent des dames charitables, qui viennent les visiter et qui leur apportent du pain quand ils en manquent, quelquefois du beurre ou de la viande, pour qu'ils se fassent faire de la soupe par le geôlier[2]. C'est la charité qui organise, meuble et entretient les infirmeries, avec les sœurs qui distribuent du linge et des vêtements aux prisonniers. Les détenus de la prison de Ploërmel seraient morts de misère pendant l'hiver de 1781 à 1782, écrit le sénéchal Tuault, « sans les secours de la charité, plus active ici peut-être qu'ailleurs, parce qu'on y connoit mieux la pauvreté, qui se montre partout, qui environne tout[3]. » A Rennes, le produit des aumônes destinées aux prisonniers s'élève à 8,000 liv. par an. Quand ces aumônes s'arrêtent, rien de plus lamentable que l'état des prisons. « Les prisonniers sont dans une misère affreuse, rongés par la vermine, sans linge, sans vêtements, ayant presque tous la gale, plusieurs attaqués par

1. Arch. d'Ille-et-Vil., C, 124. — 2. Ibid. C, 113. — 3. Ibid. C, 134.

la fièvre. Tous se livrent au désespoir de voir prolonger leurs
souffrances, sans savoir à quelle époque ils pourront être jugés.
Il n'y en a pas un seul qui ne se trouvât très-heureux d'être
envoyé aux galères [1]. » Tel est le tableau de la situation des
prisonniers de Rennes en 1786, au moment où l'exil du Parlement a dépeuplé la ville et tari la source des aumônes.

Nous venons d'exposer la situation générale des prisonniers.
Examinons maintenant les diverses espèces d'individus qui
forment la population des prisons. Cette population se compose de cinq éléments : les prisonniers pour dettes, les prisonniers de police, les prisonniers militaires, les contrebandiers, les criminels.

Nous avons vu que les prisonniers pour dettes sont entretenus aux frais de leurs créanciers. Ce sont généralement des
débiteurs de mauvaise foi, qui profitent de la longueur des procédures pour se soustraire à la nécessité de tenir leurs enga-
gements. Les créanciers les font emprisonner, pour les forcer
de composer avec eux et de leur abandonner une partie des
ressources qu'ils ont dissimulées [2]. Souvent aussi le seul but
des créanciers est de se venger. En 1769, on compte deux
cent quarante prisonniers pour dettes dans les prisons royales.
Il est probable qu'il y en avait au moins autant dans les diverses prisons seigneuriales. Il y a donc au moins cinq cents
prisonniers pour dettes détenus chaque année dans les diverses
prisons de la province.

Ces prisonniers sont moins malheureux que les autres,
puisqu'ils peuvent obtenir certains avantages, comme un lit,
une chambre séparée. Ils ont même le droit, quand le geôlier
n'a pas de lit à leur louer, d'en faire apporter un dans la
chambre commune [3]. Cependant, s'ils n'ont d'autres ressources que la maigre subvention exigée de leurs créanciers,

1. Arch. d'Ille-et-Vil., C, 128. — 2. Ibid. C, 162. — 3. Ibid. C, 132.

ils sont, aussi bien que les autres prisonniers, exposés à souf-
frir de la faim. Il faudrait, écrit en 1782 le sénéchal de Ploërmel, porter à 5 sous par jour le prêt de chaque prisonnier pour
dettes. « On trouveroit dans cette augmentation un frein à
l'avarice, qui l'empêcheroit d'attenter pour peu de chose à la
liberté des hommes. Il vient d'en mourir trois en prison pour
dettes civiles dont les totaux ne passent pas 100 fr. [1] »

Les prisonniers de police sont de deux sortes. Les uns sont
des individus plus ou moins grossiers, condamnés pour rixes,
tapage nocturne, querelles de cabaret. Les autres sont des
mendiants, des vagabonds. Les uns et les autres sont fort
nombreux. En général, au XVIIIᵉ siècle, le menu peuple est
violent, brutal, adonné à l'ivrognerie. Les paysans bas-bretons
ont la réputation d'être particulièrement turbulents et querelleurs [2]. Ceux de la Bretagne française ont moins mauvaise
réputation et ne valent pas mieux. Les foires, les pardons ne
se terminent jamais sans querelles violentes [3]. Toute la population aime les distractions bruyantes, les fêtes qui se renouvellent à toute occasion. Jamais on ne manque de célébrer le
carnaval, encore moins le retour du mois de mai. Cette dernière fête arrive le 30 avril, « jour où les polissons s'assem-
blent et vont courir les rues, les uns en trainant après eux
des pelles et des pinces de fer, d'autres en trainant des chaines,
ce qu'ils appellent vulgairement aller au sabbat [4]. » Chaque
ville, comme chaque village, a sa fête patronale, qui met en
liesse toutes les classes de la société [5]. Alors les cabarets se
remplissent, les ivrognes pullulent. Indépendamment des fêtes
publiques, il est des fêtes de famille où les libations ne sont
pas moins copieuses. Quand un paysan tue son cochon gras,
il ne manque pas d'offrir un repas, où il invite ses parents et

1. Arch. d'Ille-et-Vil., C. 134. — 2. Ibid. C, 136. — 3. Ibid. C, 140.
— 4. Ibid. C. 147. — 5. Ibid. C, 147.

ses amis [1]. Mais rien n'égale l'importance et la longueur des festins de noce. Il est rare que la plupart des convives, hommes, femmes et enfants, n'en sortent pas complétement ivres [2]. L'ivresse amène des querelles et des arrestations. Les mêmes scènes sont encore plus fréquentes dans les villes, où la population est plus agglomérée, les cabarets plus nombreux. Quand la police est bien faite, les prisons regorgent d'hôtes de passage, qui viennent, pendant quelques heures, expier les excès auxquels les a conduits l'ivrognerie. Ils ne sont pas inscrits sur les registres d'écrou. Ils ont seulement à payer 24 sous à titre de droit d'entrée et de sortie. Mais souvent ils sont trop pauvres pour payer la totalité de cette somme, et le geôlier est forcé de leur accorder une réduction [3].

Le nombre des mendiants et des vagabonds égale, s'il ne dépasse celui des ivrognes. Les mendiants pullulent dans la province. « Il seroit difficile, écrit en 1768 le subdélégué de Nantes, Gellée de Prémion, d'assigner toutes les causes qui produisent cette maladie. Les principales sont la fainéantise, la débauche, la contrebande malheureuse que l'accroissement des droits sur plusieurs objets multiplie tous les jours, et peut-être plus que tout cela le manque de nourriture occasionné par les excès des tailles et autres impositions dans plusieurs généralités, les familles ruinées étant obligées d'envoyer leurs enfants mendier, et celles qui ne le sont pas les accoutumant à cet infâme métier pour se donner une apparence de pauvreté qui leur procure quelque modération sur leurs impositions [4]. » A Dinan, en 1773, le commerce est anéanti ; « la plupart des ouvriers et artisans sont sans ouvrage, les autres ne retirent pas de leur travail de quoi vivre et faire vivre leur famille, attendu la disette et cherté exces-

1. Arch. d'Ille-et-Vil., C, 144. — 2. Ibid. C, 145. — 3. Ibid. C, 134. — 4. Ibid. C, 72.

sive des grains, ce qui fait que plus d'un quart des habitants sont ou mendiants ou pauvres honteux [1]. » En 1787, l'intendant Bertrand de Molleville déclare « qu'on peut évaluer le nombre des mendiants de Bretagne au quart des habitants. On en compte dix mille à Rennes qui reçoivent la charité dans les rues ou dans les maisons [2]. »

La mendicité a pour conséquence inévitable le vagabondage. A chaque instant la maréchaussée ou les juges de police arrêtent des artisans nomades, qui circulent sous prétexte de chercher du travail et qui mendient en attendant. La nuit ils couchent dans les fermes ou dans les bois [3]. Sur la lisière des forêts habitent des colonies de sabotiers, de bûcherons, sans demeure fixe et vivant de maraude [4]. En 1737, la ville de Nantes est envahie par une bande de vagabonds qui mendient le jour, et, la nuit, dévalisent les maisons mal gardées [5]. En 1754, une véritable émigration de gens sans aveu s'établit à Dol et y commet toute espèce de désordres [6]. En 1774, après avoir opéré de grands travaux dans l'arsenal de Lorient, on congédie les ouvriers. Deux mille d'entre eux « se répandent par bandes de vingtaines dans les campagnes, où ils demandent l'aumône, et lorsque les cavaliers de maréchaussée menacent de les emprisonner, ils disent qu'ils ne craignent point cette punition, parce qu'au moins ils y seront nourris [7]. »

Il faut remarquer, d'ailleurs, que le vagabondage et la mendicité ne sont point des fléaux particuliers à la Bretagne : ils sont communs à toutes les provinces du royaume. « Je reçois tous les jours, écrit en 1763 le contrôleur général des finances, de nouvelles plaintes des désordres que les vagabonds et mendiants commettent dans les différentes provinces,

1. Arch. d'Ille-et-Vil., C. 119. — 2. Ibid. C, 126. — 3. Ibid. C, 135. — 4. Ibid. C, 155. — 5. Ibid. C, 2460. — 6. Ibid. C, 56. — 7. Ibid. C, 2491.

où, sous prétexte de demander un asile aux habitants des campagnes, ils exigent d'eux des contributions en toutes sortes de denrées, qu'il est dangereux de leur refuser, parce qu'ils portent leurs excès jusqu'à incendier les fermes des habitants qui leur ont refusé la subsistance[1]. » Les aumônes qu'ils reçoivent ne les empêchent pas de se livrer à la maraude. Quand ils vont mendier dans les fermes, ils sont humbles s'ils aperçoivent le maître de la maison ou quelqu'un de ses valets, insolents et menaçants quand ils ne trouvent que des femmes ou des enfants pour leur répondre. Les paysans ont des armes dans les maisons éloignées des centres d'habitation. Ils veillent armés autour de leur blé à l'époque de la moisson ; ils ont soin de garder le chanvre qu'ils font rouir, sans quoi ils seraient pillés par les maraudeurs[2].

Les vagabonds qui circulent ainsi dans les villes et surtout dans les campagnes, ne sont pas tous Bretons ni même Français. Parmi eux se trouvent des étrangers de toute race, de toute profession : prêtres défroqués, moines de contrebande, marchands forains, charlatans qui, entre autres denrées, débitent des billes des loteries émises à Amsterdam[3]. Les mendiants et vagabonds, quand ils sont arrêtés par la police, ne font que paraître dans les prisons. Après un interrogatoire sommaire, ils sont transférés dans les dépôts de mendicité[4].

Les prisonniers militaires sont de deux sortes : les filles de joie, qui souvent accompagnent les troupes, et les soldats indisciplinés ou déserteurs. La débauche et la prostitution sont deux fléaux très-répandus au xviiie siècle. Elles ont pour cause la misère, qui démoralise les classes inférieures de la société. Malgré la surveillance exercée sur les filles-mères,

1. Arch. d'Ille-et-Vil., C, 72. — 2. Ibid. C, 156. — 3. Ibid. C, 2494. — 4. Ibid. C, 93.

malgré « la permission illimitée accordée aux prévôts des hô-
pitaux de descendre chez les matrones et chirurgiens, même
chez les filles soupçonnées de grossesse, » le nombre annuel
des infanticides est quelque chose d'effrayant. En 1713, en
nettoyant un égout de Rennes, on y trouve quatre-vingts ca-
davres d'enfants nouveau-nés. En 1733, deux enfants sont
tués et un troisième exposé en un mois [1]. Indépendamment
des malheureuses qui vivent de prostitution dans les villes, il
n'est pas rare d'en voir d'autres abandonner leur famille, pour
courir à la suite des troupes de comédiens ou des régiments.
En 1745, dix d'entre elles sont arrêtées à la suite du batail-
lon de milice de Fontenay-le-Comte, en garnison à Brest.
La plus jeune a dix-huit ans, la plus âgée vingt-cinq. Parmi
elles sont deux sœurs qui ont abandonné leurs maris; les
autres sont des filles de paysans [2]. Dans les places fortes, les
gouverneurs et les officiers supérieurs, dans l'intérêt de la
santé de leurs soldats, ont soin de surveiller toutes ces beau-
tés vagabondes. Ils cherchent à les effrayer en les faisant
battre de verges, en les exposant nues sur un cheval de bois
dans la cour des casernes, en les retenant plusieurs mois en
prison. Une ordonnance royale en date du 1er mai 1765, in-
terdit à leur égard les punitions corporelles. En vertu de cette
ordonnance, toute femme débauchée surprise dans un corps-
de-garde, dans une caserne ou dans la chambre d'un soldat
logé chez l'habitant, doit être immédiatement arrêtée par les
soins de l'officier de service, qui avertit aussitôt le commandant de la place. Si la femme arrêtée est domiciliée dans la
ville, le commandant la livre au juge de police. Si c'est une
femme étrangère à la localité et sans aveu, « le commandant
de la place la fera mettre au cachot pendant trois mois, au
pain et à l'eau, aux dépens de Sa Majesté, pour être ensuite

1. Arch. d'Ille-et-Vil., C, 154. — 2. Ibid. C, 154.

enfermée le reste de ses jours dans la maison de force la plus voisine[1]. »

Tel est le sort des filles de joie. Quant aux soldats, recrutés dans la lie de la société, ils sont naturellement grossiers, querelleurs et turbulents. Il faut une discipline de fer pour les maintenir dans le devoir. Si la discipline se relâche, ils se livrent à tous les excès. A Ancenis, en 1749, les dragons du régiment de la Reine imaginent d'empêcher la perception de l'octroi, pour avoir le vin à meilleur marché[2]. En 1753, les troupes casernées à Oudon et à Ancenis pratiquent ouvertement la contrebande du tabac, du sel et de toutes les marchandises, avec la connivence de leurs officiers, qui profitent de la fraude et partagent leurs bénéfices[3]. En 1758, les soldats du Royal-Vaisseaux font le métier de faux saulniers entre Mayenne et Fougères[4]. En 1760, les soldats du régiment irlandais de Berkeley, avant de quitter Bain pour se rendre à Rennes, envahissent les maisons, pillent les coffres et les armoires, vident les barriques de cidre et s'enivrent en masse aux dépens des habitants[5]. A Dinan, en 1753, est caserné un régiment de dragons presque tous jeunes et débauchés. La nuit, leur passe-temps est d'aller faire du tapage dans les faubourgs. Ils arrêtent une jeune fille qui sort avec une lanterne pour aller au-devant de son père; elle est saisie, bâillonnée, portée sur les remparts, où les bandits, après l'avoir outragée, la laissent meurtrie et à demi-morte sur un tas de fumier[6]. A Lamballe, en 1772, deux soldats en congé passent leurs nuits à courir les rues, à frapper aux portes, à décrocher les enseignes. Quand l'exempt de la maréchaussée essaie de les calmer, ils lui répondent qu'ils se f..... de lui. « Les soldats en semestre sont ordinairement dérangés. Au

1. Arch. d'Ille-et-Vil., C, 75. — 2. Ibid. C, 47. — 3. Ibid. C, 56. — 4. Ibid. C, 63. — 5. Ibid. C, 67. — 6. Ibid. C, 53.

moyen de leurs sabres et épées dont ils sont toujours munis,
ils menacent et intimident le peuple et font du tapage impunément[1]. » Les miliciens sont aussi turbulents que les soldats
de l'armée régulière. Eux aussi bravent les magistrats et se
livrent aux plus violents excès, tantôt en corps[2], tantôt isolés, « prétendant apparemment que leur état de miliciens leur
doit donner plus de licence qu'aux autres et les mettre à couvert de toute recherche[3]. »

Les plus redoutables de ces agents de désordre sont les
déserteurs. En temps de guerre, ils remplissent les prisons.
Ils n'y restent jamais longtemps, parce qu'on se hâte de les
renvoyer à leur corps. Mais n'auraient-ils qu'une nuit à passer. ils exigent de la paille fraîche et harcèlent le geôlier à
force d'exigence[4]. Quand ils parviennent à s'échapper, ils
errent dans les campagnes. Quelquefois ils se réunissent en
bandes qui se livrent au brigandage. Grâce à leur habitude
des armes, ils forment de dangereux malfaiteurs[5]. C'est surtout au moment de changer de garnison que les militaires
bravent avec le plus d'audace les magistrats civils. Ont-ils
commis quelque crime sur les terres d'un seigneur, la justice
est presque entièrement désarmée à leur égard. Les officiers
de la seigneurie ne manquent jamais de poursuivre l'affaire.
Le coupable est inévitablement condamné à mort par contumace. Mais là s'arrête la procédure, parce que, pour obtenir l'extradition du coupable, pour le faire ramener devant
ses juges et purger sa contumace, il faudrait des dépenses
exorbitantes devant lesquelles reculent les seigneurs. Il en
coûte plus de 400 liv. en 1754 au marquis du Gage pour
faire amener de Strasbourg à sa seigneurie de Rimaison, près
de Pontivy, un soldat coupable de meurtre[6]. Aussi la plupart

1. Arch. d'Ille-et-Vil., C, 83. — 2. Ibid. C, 29. — 3. Ibid. C, 83. —
4. Ibid. C, 125. — 5. Ibid. C, 2470. — 6. Ibid. C, 141.

des seigneurs se contentent d'une platonique condamnation par coutumace, dont ils se gardent bien de poursuivre l'exécution.

Les contrebandiers fournissent une bonne partie de la population des prisons. En 1769, la seule prison de Vitré comprend quatre-vingt-trois faux sauniers[1]. En 1787, celle de Lorient contient une centaine de détenus, coupables de fraude sur le tabac[2]. Les contrebandiers se trouvent toujours en grand nombre dans les prisons de Nantes, Saint-Brieuc et Saint-Malo. La contrebande s'exerce sur toutes les marchandises, mais particulièrement sur le vin, le sel et le tabac. Elle règne sur les côtes et sur les frontières de la province[3]. Nous n'exposerons pas ici les ruses qu'emploient les contrebandiers, les luttes à main armée qu'ils soutiennent contre les commis des différentes fermes. La contrebande est favorisée par la haine qu'ont de tout temps inspirée les agents de la gabelle et l'hostilité générale des populations contre les fermiers généraux. L'énormité des peines prononcées par une législation draconienne n'empêche nullement les tentatives de fraude. En 1783, une ordonnance royale fit de Lorient une ville franche pour le commerce du tabac. Elle devint aussitôt un foyer de contrebande. Une foule de malheureux se laissaient chaque jour surprendre en essayant de porter du tabac hors de la ligne de franchise[4].

Les contrebandiers emprisonnés sont à la charge des fermiers généraux qui les ont fait arrêter. En général, ceux-ci les laissent le plus longtemps possible en prison avant de les traduire devant les juges des traites. Ils se contentent de payer régulièrement leur solde journalière, sans leur accorder aucun secours pour subvenir à leurs besoins. En 1787, dans

1. Arch. d'Ille-et-Vil., C, 116. — 2. Ibid. C, 125. — 3. Ibid. C, 156. — 4. Ibid. C, 124.

la prison de Lorient, on trouve plusieurs contrebandiers détenus depuis vingt mois, « sans habits, sans lit, vivant dans la
pourriture, rongés par la vermine et éprouvant sans relâche
toutes les horreurs de la misère et de la maladie [1]. » C'est à
dessein d'ailleurs que les fermiers généraux se montrent sans
pitié pour leurs prisonniers. Ils espèrent ainsi les décourager
et ne réussissent qu'à attirer sur eux la pitié.

En 1709, le nombre des criminels détenus dans les prisons
royales de Bretagne s'élève à trois cent quatre-vingt-douze.
A dater de l'ordonnance de 1772, ceux qui auparavant étaient
enfermés dans les prisons seigneuriales viennent à leur tour
s'entasser dans les prisons du roi. Le nombre moyen des
criminels détenus chaque année dans les prisons pendant la
seconde moitié du xviiie siècle, est d'environ huit cents. Nous
n'avons pu trouver à cet égard aucun document précis, mais
notre conjecture repose sur les comptes-rendus des opérations
de la justice criminelle envoyés chaque année au garde des
sceaux par l'intendant. Dans ces comptes-rendus, le nombre
des crimes ou délits susceptibles de la peine de mort ou
d'autres peines afflictives, varie de huit cents à huit cent cinquante par an. Ce chiffre ne représente qu'imparfaitement
celui des prisonniers, parce que dans le nombre des crimes
enregistrés figurent les suicides. La liste des intendants présente en outre beaucoup de contumaces que la justice ne peut
atteindre. Elle donne cependant une idée approximative du
nombre probable des prisonniers criminels [2].

Le noyau principal de ce groupe de prisonniers est formé
par les malfaiteurs, qui pullulent presque autant que les vagabonds. Par moments ils se réunissent et forment de véri-
tables bandes qui font trembler les campagnes. En 1747,
deux bandes se montrent à la fois, l'une aux environs de

1. Arch. d'Ille-et-Vil., C, 134. — 2. Ibid. C, 137.

Ploërmel, dans la paroisse de Guer[1], l'autre dans le pays de
Léon, autour de Ploumoguer[2]. En 1748, une troupe de quarante voleurs s'organise autour de Lorient et rançonne plusieurs paroisses, dans un rayon de dix lieues à la ronde[3].
En 1751 paraît dans la paroisse de Plumelin, au bois de Gué-
noué, une troupe de voleurs et de déserteurs qui circulent
tout armés, « mettent de jour et de nuit tous les villages du
canton à contribution, prenant les bons meubles où ils ne
trouvent pas d'argent, et menaçant du feu si on les refuse[4]. »
En 1763, deux criminels, échappés de la prison de Quimperlé,
groupent autour d'eux un déserteur, deux galériens, une douzaine d'autres bandits, et font trembler toute la région com-
prise entre Quimper et Quimperlé. Ils attaquent les passants
sur les routes et les poursuivent jusque dans les villages.
« Les laboureurs craignent et n'osent dire qu'ils les ont vus,
logés et nourris[5]. » En 1764, quatorze malfaiteurs désolent
les paroisses de Pontrieux, Plouer, Ploëzal et Pommerit-le-
Vicomte. « Il n'est pas de jour dans la semaine qui ne soit
marqué par quelques-uns de leurs vols de nuit dans les campagnes, en bestiaux, chevaux et autres denrées[6]. » En 1769,
les environs de Quimperlé sont de nouveau infestés de bandits. Quatre laboureurs qui font route ensemble, en revenant
d'une foire, sont assassinés à un quart de lieue de la ville[7].
Autour de Piré sévissent d'autres malfaiteurs, dont les vols
continuels désolent les paysans[8]. En général, c'est surtout
dans les environs de Lorient qu'aiment à se grouper les malfaiteurs. Dès qu'ils ont commis un crime, ils s'engagent au
service de la Compagnie des Indes, s'embarquent et restent
impunis[9].

La plupart de ces bandits sont incorrigibles. A peine sortis

1. Arch. d'Ille-et-Vil., C, 43. — 2. Ibid. C, 136. — 3. Ibid. C, 136.
— 4. Ibid. C, 136. — 5. Ibid. C, 3176. — 6. Ibid. C, 43. — 7. Ibid. C,
3186. — 8. Ibid. C, 3487. — 9. Ibid. C, 141.

des mains de la justice, ils commettent de nouveaux méfaits.
En 1775, sept malfaiteurs échappés de la prison de Hennebont, à peine rendus à la liberté, « percent le mur d'une boutique et volent pour 6,000 liv. de marchandises[1]. » Marie Collen, dite l'Escalier, condamnée en 1749, pour vol dans une foire, à être fouettée à trois jours de marché et bannie pour toujours de la province, reparait sur le théâtre de ses exploits, commet de nouveaux larcins, jusqu'à ce qu'une sentence prévôtale la condamne à la prison perpétuelle[2]. Il est des malfaiteurs chez qui le vol et le brigandage sont héréditaires, des familles qui ne vivent que de rapine. Les enfants « sentent leur sang » et suivent l'exemple de leurs parents[3].

Aux malfaiteurs de profession il faut ajouter les auteurs d'attentats commis dans les foires, les pardons, ou même les dimanches et jours de fête, à la suite des querelles de cabaret. Rien n'égale la violence et la brutalité des ivrognes des basses classes de la société. Un mot insignifiant, une plaisanterie inoffensive suffit pour les exaspérer. Ils sont toujours armés d'un bâton ou d'un redoutable morceau de bois appelé atel. A défaut d'atel ou de bâton, un aiguillon, un manche de fouet leur servent à appliquer sur la tête de leur adversaire un coup souvent meurtrier. Que deux ivrognes se battent, leurs compagnons les soutiennent et prennent part à la lutte; une mêlée générale s'engage, qui se termine rarement sans la mort de quelque malheureux[4]. Quand le cidre abonde, dit un subdélégué, les meurtres se multiplient[5]. La plupart des coupables se hâtent de fuir quand les fumées de l'ivresse se sont dissipées. Ceux qui n'ont pas le temps de s'échapper passent quelquefois plusieurs années en prison. Les uns et les autres finissent toujours par obtenir des lettres de grâce,

1. Arch. de la Loire-Infér., C, 133. — 2. Ibid. C, 142. — 3. Ibid. C, 36. — 4. Ibid. C, 140. — 5. Ibid. C, 141.

parce qu'il leur est facile de prouver qu'ils ont agi sans pré-
méditation [1].

Les deux classes de criminels que nous venons d'indiquer
ne méritent aucune sympathie. Il n'en est pas de même des
innocents qu'on arrête quelquefois sur des soupçons mal fon-
dés. Le plus souvent ce sont des paysans, des ouvriers, qu'on
croit complices d'un assassinat et qu'on emprisonne avant
d'avoir bien examiné les circonstances de l'affaire [2]. Quelquefois aussi ce sont des personnages plus considérables, voire
même des gentilshommes, qui sont un instant victimes des
erreurs de la police. En 1759, le chevalier de la Mire imagine
de quitter Paris et d'aller passer quelques semaines à Rennes
auprès d'une personne dont il est amoureux. Pour réaliser son
projet, il loue un cheval et un cabriolet, sans dire aux loueurs
combien de temps il gardera la bête et la voiture. Le sellier,
cependant, en lui fournissant la voiture, lui demande où il va.
Le chevalier répond qu'il va à Metz. Le soir même il part pour
la Bretagne. Le lendemain, il pense que le loueur de chevaux
doit être inquiet de ne pas le voir revenir. Il lui écrit, pour
le rassurer, qu'une circonstance imprévue le force de garder
son cheval plus longtemps qu'il ne pensait; qu'il ne le lui
rendra que dans six semaines. Le loueur se croit joué, porte
plainte au ministre de la Maison du roi. La police se met à
la recherche du chevalier, qui est arrêté à Rennes et jeté en
prison comme un vulgaire malfaiteur. Il se hâte d'avertir ses
amis, d'écrire à l'intendant, pour lui raconter son aventure et
le conjurer de l'arracher au plus vite à l'enfer où il se trouve
placé [3].

Le chevalier de la Mire est aussitôt relâché; mais combien
d'autres languissent dans ce hideux séjour! Les criminels, en

---

1. Arch. d'Ille-et-Vil., C, 140-146. — 2. Arch. de la Loire-Infér., C,
139. — 3. Arch. d'Ille-et-Vil., C, 151.

effet, ont à subir un régime encore plus dur que les prisonniers ordinaires, parce qu'ils sont « enferrés. » Ils ont des
entraves aux pieds et aux jambes; quelques-uns mêmes sont
enchaînés. Pour les accusés innocents ou faiblement coupables, la prison est un supplice affreux. Ce qui rend la peine
encore plus cruelle, c'est la lenteur des procédures et l'insou-
ciance des magistrats. Les juges ne se hâtent jamais de terminer les procès criminels, qui ne leur rapportent rien. Ils
réservent tous leurs soins pour les affaires civiles, où ils ont
à attendre des épices et des frais de vacation [1]. Aussi les
affaires criminelles sont quelquefois interminables. Dans les
prisons de Nantes, en 1740, est un accusé octogénaire qui
depuis sept ans n'a pu obtenir la conclusion des poursuites
commencées contre lui [2]. A Fougères, en 1772, se trouve une
bande de malfaiteurs emprisonnés depuis neuf ans. Le subdélégué s'étonne que leur procès ne soit pas encore jugé. Les
magistrats lui répondent « que c'est une affaire immense, pour
laquelle ils ont entendu trois cents témoins; que les coupables ont fait en différents temps des bris de prison, commis des vols, ont été suivis et repris, et que ces évènements
demandent une nouvelle instruction, une nouvelle procédure,
avant de pouvoir terminer la principale affaire pour laquelle
ils ont été une première fois arrêtés [3]. » A la longue, la lenteur et la négligence des juges finissent par exaspérer les prisonniers. « Ils se plaignent de n'être ni interrogés, ni jugés,
écrit en 1774 le maire de Fougères; ils sont au désespoir.
Cette prison est un enfer; je n'y vais qu'en tremblant [4]. »

On comprend que les accusés qui pourraient espérer un
acquittement, n'ont plus qu'une pensée : échapper aux tor-
tures morales qui les accablent et recouvrer la liberté. Il en

---

1. Arch. d'Ille-et-Vil., C. 82. — 2. Ibid. C, 36. — 3. Ibid. C, 82. —
4. Ibid. C, 121.

est de même des condamnés qui croupissent dans les basses-fosses en attendant le passage de la chaine. Quant aux criminels dont le sort est encore indécis, la seule perspective qui s'ouvre devant eux est la question qui doit leur arracher des aveux, ensuite le bagne ou l'échafaud ; aussi la seule préoccupation des prisonniers criminels est de s'évader. Il leur est facile de se concerter, puisqu'ils sont toujours réunis dans les chambres criminelles ou dans les basses-fosses. La surveillance est à peu près nulle, car le geôlier est seul dans la plupart des prisons. Il n'a des guichetiers à son service qu'à Rennes et à Nantes. Enfin, les prisonniers trouvent facilement les outils dont ils ont besoin pour réaliser leurs projets. Ils ont toujours des communications avec leur famille. Un jour, les prisonniers de Fougères se font transmettre des limes en laissant glisser une ficelle par le conduit des latrines [1]. Quelquefois ce sont les personnes charitables venues pour porter des secours aux prisonniers, particulièrement les dames pieuses, qui se laissent toucher au spectacle de leurs misères et qui leur livrent secrètement des instruments de délivrance [2]. Les prisons d'ailleurs sont vieilles, mal bâties, les murs sont décrépits, lézardés ; la maçonnerie est à moitié pourrie. Aussi rien n'arrête les prisonniers ; les évasions sont continuelles. Il est des prisons où elles reviennent toutes les semaines, quelquefois tous les jours. Pour recouvrer leur liberté, les criminels déploient une audace, une fertilité d'inventions dont on ne peut avoir aucune idée de nos jours.

En 1765, le 25 juin, on fait des réparations aux prisons de Fougères. Douze accusés sont enfermés dans la chambre criminelle. Le geôlier croit prudent de les séparer les uns des autres et d'en transférer six dans la chambre civile. Les six criminels ainsi transférés portent avec eux des scies faites

1. Arch. d'Ille-et-Vil., C, 130. — 2. Ibid. C, 134.

avec des ressorts de pendule. A la faveur du bruit des maçons
et des charpentiers, ils scient les barreaux de fer de la fe-
nêtre. « Pour mieux couvrir leur manœuvre, ils pilèrent du
charbon qu'ils mêlèrent avec du suif, matière qu'ils étalèrent
sur leur ouvrage, » pour tromper la surveillance du geôlier.
Les barreaux enlevés, ils font une corde avec des draps et
glissent le long des murs. Le geôlier se lance à leur pour-
suite. En son absence, les six malfaiteurs restés dans la
chambre criminelle arrachent la porte et prennent la fuite[1].
En général les prisonniers, pour s'échapper, préfèrent percer
les murailles de leur prison, pratiquer « des effondrements. »
Pendant l'année 1773, écrit le subdélégué de Fougères, « les
effondrements se sont multipliés à un point qui n'est pas
croyable; presque tous les jours il s'en fait de nouveaux, qui
coûtent au Domaine plus de 5 à 6,000 liv.[2] »

A Lesneven, en mars 1770, les criminels parviennent à se
débarrasser de leurs fers, dont ils se servent aussitôt pour
percer la muraille. Arrêtés par le geôlier, qui appelle les voi-
sins à son secours, ils renouvellent quelques jours après la
même tentative. En 1774, 1775 et 1776, on les trouve continuellement occupés à percer les murs. En octobre 1775, ils
s'enfuient avec leurs entraves, « ce qui fait que l'on manque
actuellement de fers pour resserrer les prisonniers, » écrit le
sénéchal[3]. En 1764, à la suite d'une révolte, vingt-cinq prisonniers s'échappent à Rennes de la prison de la porte Saint-
Michel. En 1766, au mois de juin, tous les prisonniers criminels se concertent pour percer les murs et prendre la fuite.
« Ils y ont travaillé pendant plusieurs nuits avec tant de
patience et d'adresse qu'ils y auroient réussi, écrit l'intendant,
sans un bruit sourd qui se fit entendre au travers du mur de
refend qui sépare les prisons de l'hôtel des Nétumières. A ce

1. Arch. d'Ille-et-Vil., C, 130. — 2. Ibid. C, 121. — 3. Ibid. C, 123.

bruit, les domestiques avertirent le concierge que sûrement les prisonniers travailloient à faire plusieurs ouvertures dans ce mur de refend. Le concierge, accompagné de ses guichetiers, fait sa visite dans les chambres et basses-fosses, et d'abord n'aperçoit rien, ou croit à un faux avis. Cependant, pour être plus sûr, il fait déranger les lits des prisonniers, rangés dans la chambre de la portière contre le mur, et, à force de considérer, il aperçoit des madriers de trois pouces d'épaisseur qui avoient été adroitement coupés derrière ces lits, dont les pièces étoient remises contre le mur, et les joints, à la coupure, garnis de chapelure de croûte de pain de même couleur que le bois. Il ôte ces pièces et voit que les pierres du parement du mur sont entières, mais que les prisonniers de cette chambre, au nombre de treize et quatorze, s'étoient pratiqué une ouverture considérable pour se sauver. Il descend dans la basse-fosse au-dessous de cette chambre, et en considérant bien les parements du mur, il reconnoît une partie de ce parement dont les joints sont dégarnis; les pierres sur ce parement sont tout aussi faciles à détacher que dans l'endroit de la chambre, et après cette découverte il aperçoit que le mur est ouvert d'un parement à l'autre.

« Le geôlier prend sur-le-champ les précautions ordinaires, ôte les prisonniers de ces deux endroits et les fait passer avec leurs chaînes dans la cour, et fait avertir messieurs les commissaires des prisons. Dans cet intervalle, tous les prisonniers renfermés dans la cour se détachent facilement de leurs chaînes, qu'ils avaient précédemment en partie coupées; d'autres travaillent à achever de couper les leurs, et tous font un bruit terrible, se révoltent contre les guichetiers et font ensemble tous leurs efforts pour forcer les barrières. » La maréchaussée arrive, ramène non sans peine les prisonniers dans leurs cachots. Les commissaires du Parlement ordonnent de les enchaîner; « à peine peut-on trouver des chaînes qui

n'aient pas été coupées et affaiblies en différents endroits. »
L'intendant Flesselles vient à son tour et constate l'étendue
des dégâts. Pour empêcher de nouvelles tentatives de ce
genre, on est forcé de garnir toutes les parois des chambres
criminelles et des cachots avec d'énormes madriers de chêne,
qui protègent la maçonnerie.

Cette précaution rend dès lors les effondrements à peu près
impossibles. En 1767, les prisonniers essaient cependant encore de percer les murailles; ils parviennent même à couper
quelques madriers. Mais ils ne tardent pas à comprendre leur
impuissance. Alors ils prennent un autre parti et décident
une révolte générale pour le 13 novembre. « Pour s'y préparer, ils travaillent tous à la sourdine et avec succès à percer
les reins des voûtes qui donnent du côté de la cour, à défaire
les attaches des portes de leurs chambres et cachots, et à
couper en partie les chaînes qui les retenoient à l'attache.
Le 13 novembre, les portes de leurs cachots furent jetées
dans la cour, plusieurs passèrent par les ouvertures dans les
reins des voûtes, et tous se rendirent en même temps dans
la cour. Dans le premier instant, les plus agiles profitèrent du
secours des autres, escaladèrent la barrière de cette cour et en-
foncèrent sur-le-champ la porte de la cave ou magasin du concierge, prirent les outils et instruments qu'ils y trouvèrent, en
donnèrent une partie, au travers de la barrière, à ceux qui
étoient restés dans la cour, afin de les mettre en état de forcer cette barrière, ce qui fut promptement fait. Tous ensemble
attaquèrent le guichet et le mur sous la chapelle. Ils étoient
prêts à briser la principale porte de la prison et à s'évader,
lorsque les cavaliers de la maréchaussée, venus au secours du
geôlier, forcés de tirer à balle sur ces malheureux, en bles-
sèrent plusieurs. » La réparation des dégâts coûta 6,000 liv.[1]

1. Arch. d'Ille-et-Vil., C, 137.

A la suite de cette révolte, les tentatives d'évasion ne tardèrent pas à se renouveler, souvent avec succès. En septembre 1768, les criminels réussissent à percer un des murs qui les retiennent; vingt d'entre eux prennent la fuite. « Ils déclarent en s'évadant que la cherté du pain est la cause de leur désespoir et de leur tentation, préférant, disent-ils, de périr en tâchant de recouvrer leur liberté à mourir de faim en prison. » On a beau augmenter leur solde, six autres s'évadent encore au mois de novembre[1]. Ce qui les encourage d'ailleurs dans leur tentative, c'est leur nombre même et l'impossibilité d'exercer sur eux une surveillance sérieuse. Le geôlier et ses guichetiers ne peuvent s'aventurer qu'avec prudence au milieu d'une pareille bande de forcenés, entassés dans un espace étroit, et qu'aucun crime n'effraie. « Tous les jours les prisonniers, dans les chambres de force et dans les cachots, ont des outils, des ciseaux, des limes, des scies, du feu, etc. Tous les jours ils coupent les charpentes qui recouvrent les vieux murs, celles de leurs lits, percent la maçonnerie des murs et des voûtes, pénètrent jusque dans les fosses-mortes et conduits sous la prison, et de temps à autre parviennent à s'évader. On n'est averti de l'ouvrage qu'ils font que longtemps après qu'il a été commencé. » La réparation des dégâts et la recherche des prisonniers échappés coûtent 3 à 4,000 liv. par an[2].

En 1769, la vieille prison de la porte Saint-Michel était tellement encombrée, qu'on craignit qu'elle ne devînt le foyer de quelque épidémie. Le Parlement obtint du gouvernement des fonds pour établir une succursale à la tour Lebat, dans les remparts. On y disposa des appartements pour soixante ou quatre-vingts criminels. On eut soin d'y transférer les prisonniers « les plus mutins et les plus difficiles à gar-

1. Arch. d'Ille-et-Vil., C, 127. — 2. Ibid. C, 128.

der[1]. » La tour Lebat ne tarda pas à devenir insuffisante.
L'ordonnance de 1772 eut pour les prisons de Rennes le
même résultat que pour les autres prisons royales de la province. Tous les juges seigneuriaux se hâtèrent d'y expédier
leurs criminels. A Rennes, le nombre des prisonniers criminels s'éleva presque aussitôt de cent cinquante à deux cent
vingt-cinq. Il fallut construire une nouvelle prison, plus grande
que celle de la porte Saint-Michel. Elle fut adossée à la tour
Lebat[2].

On eut beau diminuer le nombre des pensionnaires de la
vieille prison, les prisonniers n'abandonnèrent pas leurs tentatives d'évasion. « Le concierge, écrit en 1777 l'architecte
Éven, me fit prévenir hier au soir, à huit heures, que les
prisonniers avoient fait un enfoncement et cherchoient à s'évader. Je me transportai sur-le-champ à la prison, et je vis qu'on
avoit coupé une des barres de fer qui sont placées au-dessous
du siège des latrines et un des madriers qui forment le devant
de ce siège. Il est impossible de concevoir comment ce madrier a été coupé, ayant trois pouces d'épaisseur et portant
contre un mur, de façon qu'on n'a pu se servir de scie. Il ne
peut avoir été coupé qu'avec la pointe d'un couteau, en y em-
ployant un temps et une patience infinis. Deux des prisonniers étoient descendus par le trou qu'ils ont fait sous le siège,
en déplaçant ce madrier, dans la fosse-morte, au moyen d'une
corde faite avec de la paille et leurs chemises. Ils y étoient
depuis neuf heures du matin, quoique cette fosse ait environ
vingt pieds de profondeur et qu'il y ait plus de quatre pieds
de hauteur de matière. Ces deux hommes, absolument nus,
ont travaillé avec la barre qu'ils avoient coupée sous le siège
et ont percé le gros mur de la prison. Heureusement, ils ont
trouvé une cave remplie de gros bois de chauffage, qui les a

1. Arch. d'Ille-et-Vil., C, 127. — 2. Ibid. C, 128.

arrêtés. Un de ces hommes est sorti devant moi de la fosse-morte à neuf heures du soir, et on l'a forcé d'y redescendre pour rapporter la barre et les outils dont ils se sont servis, ce qu'ils ont constamment refusé de faire, quoique on les y ait tenus jusqu'à près de minuit. Un de ces hommes y est resté depuis neuf heures du matin sans sortir [1]. »

C'est en 1782 que fut achevée la prison de la tour Lebat. Comme elle était neuve et solidement bâtie, il était difficile aux criminels d'y percer les murs. Le sentiment de leur impuissance leur causait une exaspération sauvage. Comme pour inaugurer la prison, on eut à y garder pendant quatorze mois une quantité inaccoutumée d'assassins. Les plus dangereux avaient été saisis au bourg de Maxent. A peine réunis, ces misérables formèrent le projet de se révolter et de s'évader après avoir assassiné le geôlier. Il fallut établir dans la prison un poste permanent de cinq hommes armés pour les contenir. Par ordre du Parlement, le major de la milice bourgeoise soudoya des espions qui lui révélaient toutes les péripéties du complot. Au dernier moment, quand on jugea les accusés de Maxent, la garde de la prison fut portée à vingt-cinq hommes [2].

Nous nous sommes particulièrement étendu sur les tentatives d'évasion des prisonniers de Rennes, parce que les prisons de cette ville sont les plus considérables de la province. Mais ce qui se passe à Rennes se passe dans toutes les autres prisons de Bretagne et même dans toutes les prisons du royaume. Partout les prisons sont mal bâties, insuffisantes. Partout se multiplient les rébellions et les évasions [3].

Une des causes qui favorisent les évasions est le défaut de surveillance de la part des geôliers. Mais les geôliers eux-mêmes ont une situation qui n'est pas à envier. Ils sont responsables de la garde de leurs prisonniers. En cas d'évasion

1. Arch. d'Ille-et-Vil., C, 128. — 2. Ibid. C, 128. — 3. Ibid. C, 134.

causée par leur négligence, ils peuvent être emprisonnés et mis
aux fers [1]. Ils sont forcés d'être toujours en éveil; leur vie
même n'est pas toujours en sûreté [2]. Ils sont perpétuellement
exposés à la haine de leurs prisonniers, à la défiance des juges,
au mépris du public. Pour compenser tous ces inconvénients,
ils n'ont que de bien minces avantages. Ils ne reçoivent pas
de gages. Ils jouissent de certains privilèges qui varient suivant les localités. A Saint-Aubin-du-Cormier, le geôlier a la
jouissance de deux pièces de terre d'un revenu annuel de
12 liv. [3] A Lesneven, il est exempt du service de la milice
bourgeoise, de guet et de capitation [4]. A Morlaix, il est
exempt de garde et de logement des gens de guerre [5]. A
Ploërmel, il est dispensé de toute charge et imposition [6]. A
Quimper, il est exempt du service de la milice bourgeoise,
du logement des gens de guerre, de la fourniture des lits
pour les casernes. Il a même le droit de débiter à son profit,
sans payer ni devoirs ni octroi, quatre barriques de cidre [7].
Les geôliers, à ces avantages, ajoutent leur logement et les
profits qu'ils tirent des frais de geôlage, de l'entrée et sortie
des prisonniers de police, de la location des chambres particulières aux prisonniers pour dettes, de la délivrance des
extraits de registre d'écrou. Mais dans les petites prisons, il
n'y a pas de chambre particulière; la délivrance des registres
d'écrou est nulle; le bénéfice de l'entrée et sortie des prisonniers de police se réduit à peu de chose. Le profit des droits
de geôlage est compensé par la nécessité de fournir la paille
et l'eau aux prisonniers. « La rétribution du geôlage ne vaut
pas à Ploërmel plus de 10 sous par jour. Les fournitures, souvent, excèdent le salaire, surtout pour les prisonniers qui ne
passent qu'un jour et une nuit dans les prisons, tels que les

---

1. Arch. d'Ille-et-Vil., C, 120. — 2. Ibid. C, 127. — 3. Ibid. C, 115. —
4. Ibid. C, 112. — 5. Ibid. C, 112. — 6. Ibid. C, 113. — 7. Ibid. C, 113.

déserteurs qu'on mène à leur régiment et les filles de mauvaise vie qu'on amène au dépôt de mendicité. La paille fournie à ces prisonniers de passage ne peut servir qu'une fois, et il est évident qu'un geôlier qui n'a qu'un sou par jour par prisonnier ne peut pas vivre de son état[1]. »

Souvent les geôliers sont forcés d'entretenir à leurs frais les fers des prisonniers criminels. Presque toujours ils sont forcés de fournir plusieurs mois d'avance la solde des prisonniers à la charge du roi. Ils sont ensuite remboursés au moyen d'exécutoires sur le Domaine. Mais ils ont à payer les frais de ces exécutoires, qui s'élèvent à 24 liv. par an[2]. A Carhaix, en 1769, le geôlier est un pauvre diable qui n'a pas assez de ressources pour avancer de ses deniers la solde des prisonniers. « Il fait, pour leur nourriture, l'avance des sommes que des personnes bienfaisantes et charitables veulent bien lui prêter, sur quoi le même geôlier sollicite et obtient de temps en temps des exécutoires qui ne sont payés qu'après le visa du premier président du Parlement. » Il prend le pain « chez les boulangers les plus obligeants et qui se prêtent le plus à en attendre le paiement[3]. » Il est impossible à des geôliers si mal payés d'avoir à leur service un guichetier. Ce sont leurs femmes et leurs enfants qui font l'office de guichetiers et les aident dans leur service. La plupart d'entre eux cumulent plusieurs petits emplois. Le geôlier de Guérande a la garde des mesures pour les grains vendus au marché. Il reçoit « 1 liard par mesure de chaque pochée, ce qui peut aller à 6 ou 7 sous par marché. » Il y a deux marchés par semaine[4]. Le geôlier de Carhaix est héraut de la communauté et tambour ordinaire de la ville. Il lui serait impossible de vivre sans ces deux derniers emplois. S'il ne crai-

1. Arch. d'Ille-et-Vil., C, 125. — 2. Ibid. C, 111. — 3. Ibid. C, 107. — 4. Ibid. C, 110.

gnait de les perdre, il abandonnerait le métier de geôlier[1].

Ce métier est si ingrat, si peu lucratif, que personne ne veut s'en charger. A Launion, en 1769, personne ne consent à prendre la ferme des prisons : les juges sont forcés de nommer un geôlier d'office[2]. A Saint-Brieuc, les juges sont un moment réduits à faire garder la prison par des cavaliers de la maréchaussée et les huissiers. « La difficulté de trouver des geôliers force le tribunal de permettre enfin au concierge de la prison la vente de quelques barriques de cidre. Mais le produit en est si mince que le geôlier menace journellement de quitter son emploi. » Le local où il a établi son débit est d'ailleurs bien incommode : c'est une salle où les juges sont obligés de passer en robe en se rendant à leurs audiences[3].

L'embarras qu'éprouve le tribunal de Saint-Brieuc est commun à tous les tribunaux de la province, même aux juges des juridictions seigneuriales. « On ne trouve maintenant que des misérables qui veuillent prendre la place de geôlier, écrit en 1769 le subdélégué d'Antrain, pour l'espoir de leur logement seulement, gens par conséquent en lesquels on ne peut avoir aucune confiance, et qui souvent pillent les prisonniers, ou même se laissent gagner par eux et leur procurent l'évasion[4]. » On ne trouve « pour occuper des places si désagréables et si peu lucratives, écrit en 1784 le subdélégué de Ploërmel, que des particuliers souvent plus criminels que ceux à la garde desquels ils sont constitués[5]. » En 1752, le geôlier de Dinan « est un coquin de premier ordre, écrit un officier de dragons. Il fait des prisons un lieu public où règne tout le désordre et le libertinage imaginables. Il est connu du public que ce misérable excite les dragons qui sont chez lui à tout ce qu'il y a de plus monstrueux, en leur donnant même les mains pour

1. Arch. d'Ille-et-Vil., C, 107. — 2. Ibid. C, 110. — 3. Ibid. C, 115. — 4. Ibid. C, 106. — 5. Ibid, C, 125.

les y porter [1]. » Le geôlier des prisons seigneuriales de Lézardrieux fait évader, pour une bouteille de vin, les canonniers gardes-côtes emprisonnés pour infraction à la discipline militaire [2]. A Lesneven, en 1774, le geôlier Sébastien Corre « fait de la prison une espèce de cabaret. Il laisse entrer la femme de Ruban pour coucher avec son mari, qui est détenu sous l'accusation de différents vols [3]. » En 1784, les juges de Ploërmel, pour avoir un geôlier sur lequel ils puissent compter, sont forcés de lui promettre un traitement annuel de 100 liv. [4]

Primitivement, les geôliers avaient une situation acceptable et même lucrative dans les grandes villes, comme Rennes, Nantes, Brest, ou dans les prisons importantes, comme celle de Fougères. Ces places étaient même tellement recherchées, que quelques-uns des titulaires les firent ériger en offices, dont ils acquirent la propriété héréditaire moyennant finance payée aux parties casuelles. C'est ce qui arriva pour les prisons de Nantes et de Fougères. Ce fut une nouvelle source d'abus. A Nantes, Dupont de Grémont acquiert l'office de geôlier au prix de 3,200 liv. Après sa mort, ses héritiers le vendent à Tessier, en 1719, au prix de 7,320 liv. Tessier lui-même a pour héritier le sieur Verger, qui n'exerce pas son office, mais qui se réserve le plus clair des bénéfices. Il garde pour lui la jouissance d'un appartement qui dépend de la prison et rapporte 600 liv. par an. Il abandonne les menus profits au véritable geôlier [5].

A Fougères, pendant longtemps la place avait été avantageuse, parce que la prison était encombrée de faux-sauniers, dont l'entretien était à la charge des fermiers généraux. Ces prisonniers payaient donc 3 sous par jour pour droit de geô-

. 1. Arch. d'Ille-et-Vil., C, 2463. — 2. Ibid. C, 2500. — 3. Ibid. C, 123. — 4. Ibid. C, 125. — 5. Ibid. C, 112.

lage. Au xviii siècle, les lignes de gabelle furent reculées sur les réclamations des États de Bretagne. La prison de Fougères cessa d'être employée pour recevoir des faux-sauniers : le geôlier perdit le plus clair de ses revenus[1]. Il lui reste cependant une source de profits qui n'est pas à dédaigner : ce sont les emprunts de territoire des seigneurs qui n'ont pas de prison sur leurs fiefs et qui envoient leurs détenus dans la prison du roi. Les emprunts de territoire rapportent 600 liv. par an au geôlier[2]. Son office a été payé 2,070 liv. aux parties casuelles. Il appartient à la dynastie des Guilloux. Jean Guilloux, le premier du nom, fait argent de tout. La nuit, il laisse sortir, moyennant finance, les prisonniers confiés à sa garde. Beaucoup ne reviennent plus[3]. Cependant il affecte le plus grand zèle, le plus grand attachement à ses devoirs. En 1757, il demande pompeusement l'autorisation de construire à ses frais une salle d'interrogatoire plus convenable que le cabinet informe où les juges sont forcés de procéder à cette opération. Il meurt l'année suivante, sans avoir pu profiter de l'autorisation qui lui avait été accordée[4]. Il a pour successeur son frère Jean-Mathurin, deuxième du nom de Guilloux. Celui-ci, comme son frère, laisse évader les prisonniers plus souvent que de raison. Plus d'une fois aussi les juges sévissent contre lui et le condamnent aux fers, sans corriger ni son penchant à l'ivrognerie, ni sa fanfaronnade. Il harcèle l'intendant et le garde des sceaux de réclamations verbeuses, dans lesquelles il expose le mauvais état de la prison, l'impossibilité d'empêcher les effondrements et les évasions. On envoie à Fougères ingénieur sur ingénieur pour examiner l'état des lieux ; on multiplie les réparations. On entoure la prison d'un mur solide ; on refait l'appartement du geôlier.

1. Arch. d'Ille-et-Vil., C, 121. — 2. Ibid. C, 109. — 3. Ibid. C. 36. — 4. Ibid. C, 120.

L'heureux Guilloux en profite pour établir sur les remparts un jeu de boule, dans son appartement un cabaret, où il attire les joueurs de boule, qui comme lui sont d'incorrigibles ivrognes. La communauté, sur qui retombent les frais de réparation, accuse sa négligence. Guilloux brave le maire et les échevins. Il leur répond qu'il est propriétaire de son office et ne doit compte de sa conduite à personne. « Il est toujours dans le vin, hors d'état de remplir la place qu'il occupe, n'ayant qu'un mauvais valet pour guichetier, et souvent n'en ayant point du tout. Lui-même dort tranquillement, sans faire dans sa prison les visites prescrites à tout geôlier, tant de nuit que de jour[1]. »

La communauté finit par obtenir en 1776 la révocation de Mathurin Guilloux. Il fut remplacé par Sanson, ancien guichetier des prisons de Rennes. Guilloux, cependant, conserva le titre de geôlier, parce que son office ne fut pas remboursé, mais il eut défense d'exercer les fonctions attachées à son titre. Il se vengea de sa mésaventure en continuant un procès qu'il avait intenté au sieur Savary, qui possédait, près de la tour qui servait de prison, une partie des anciens remparts de Fougères. Savary y avait bâti une maison, en pratiquant, pour l'écoulement des ordures, un conduit le long du rempart. Guilloux força les héritiers Savary de détruire ce conduit et de raser un mur qui gênait l'appartement du geôlier[2].

De tous les geôliers de la province, c'est celui de Rennes qui a le plus de ressources pour gagner sa vie. Il y a toujours une cinquantaine de prisonniers pour dettes dans les chambres civiles, ce qui lui procure une moyenne de 7 liv. 10 s. par jour pour le geôlage. Il n'a pas de chambre à louer, mais il dispose de deux grandes pièces à l'usage des prisonniers aisés. Ceux qui demandent à coucher dans ces chambres lui abandonnent leur solde. Il y a toujours une douzaine de pri-

1. Arch. d'Ille-et-Vil., C. 121. — 2. Ibid. C. 121.

sonniers dans ce cas. Le geôlier ne tire qu'un sou par jour des prisonniers criminels. Il ne tire guère que 12 liv. par an des copies de registre d'écrou. Les fermiers des devoirs et ceux des octrois le dispensent d'une partie des droits sur les boissons consommées dans les prisons, ce qui lui donne un bénéfice de 900 liv. par an. Ces avantages sont compensés par de lourdes charges. Il est forcé d'entretenir quatre guichetiers à 150 liv. de gages, et deux portiers qui reçoivent, l'un 72, l'autre 36 liv. Les uns et les autres sont nourris par lui. Il emploie tous les ans cinquante charretées de paille blanche, qui lui coûtent au moins 400 liv.[1] Comme il n'y a ni puits dans les prisons, ni fontaines dans le voisinage, il est forcé d'aller chercher l'eau très-loin. Il a deux chevaux pour en faire le charroi. La nourriture des chevaux et le loyer de l'écurie lui coûtent 600 liv. par an[2]. « Il est tenu de fournir la chandelle pour faire la visite du jour et de la nuit dans toutes les chambres de la prison. Les visites de jour sont au nombre de quatre et deux la nuit. Il y a toujours un homme de garde au feu et à la chandelle, qui passe la nuit. Il est consommé par an 250 livres de chandelles qui, à 50 liv. le cent, valent 125 liv. Le bois et le charbon qu'on donne à l'homme de garde, depuis la Toussaint jusqu'à Pâques, est un objet de 30 liv. Le feu, lorsque les juges viennent pendant l'hiver faire des confrontations, est un objet de 20 liv. Le geôlier paie à l'exécuteur qui présente les condamnés à la question, la somme de 120 liv. par an[3]. » Le geôlier de Quimper est moins maltraité que celui de Rennes pour ce dernier article. Il ne donne rien à l'exécuteur. Il est seulement tenu « de fournir le charbon pour les questions du feu qui sont usitées en Bretagne. » Le Domaine lui rembourse

1. Arch. d'Ille-et-Vil., C, 115. — 2. Ibid. C, 128. — 3. Ibid. C, 115.

6 liv. par an, à raison de 3 liv. par chacune des deux barriques de charbon employées à cet usage [1].

Le geôlier de Rennes est obligé d'avancer tous les trois mois la solde des prisonniers criminels. C'est une somme de 3,000 liv. qu'il est obligé d'avoir toujours à sa disposition. Ses bénéfices ont bien diminué, depuis l'ordonnance de 1772 qui a mis à la charge du roi tous les prisonniers criminels qui primitivement étaient à la charge des seigneurs. Avant cette ordonnance, quand un criminel était condamné par une juridiction seigneuriale, du moment qu'il en appelait au Parlement, il était transféré à Rennes, où le seigneur devait au geôlier 3 sous par jour pour droit de geôlage. L'ordonnance de 1772 délivre les seigneurs de cette charge et assimile leurs prisonniers à tous les criminels dont la solde et le geôlage sont payés par le Domaine. Le droit du geôlier se trouve ainsi réduit de 3 sous à 1 sou par tête de prisonnier criminel venu des prisons seigneuriales. Aussi le geôlier de Rennes demande avec instance un salaire fixe qui le dispense de la nécessité d'avancer la solde des prisonniers, de payer ses guichetiers, et lui assure une juste rémunération de ses fatigues et même de ses périls [2].

Le tableau que nous venons de tracer de l'état des prisons serait incomplet, si nous ne parlions d'une autre espèce d'hommes encore plus malheureux et surtout plus méprisés que les geôliers : ce sont les bourreaux. Ils sont au nombre de quatre pour la province. Ils sont établis à Rennes, Nantes, Vannes et Quimper, c'est-à-dire dans les quatre villes où siègent les Présidiaux. Leurs fonctions ne constituent pas un office héréditaire, comme dans la plupart des autres provinces [3]. Ils ont le triste privilège « d'inspirer de la haine et de l'horreur au public. » Même quand ils ont abandonné

1. Arch. d'Ille-et-Vil., C, 113. — 2. Ibid. C, 128. — 3. Ibid. C, 135

leurs fonctions, auxquelles ils sont nommés, à Rennes par le Parlement, dans chacune des trois autres villes par le Présidial, il leur est impossible d'exercer aucun métier. L'aversion qu'ils inspirent s'étend même sur leurs veuves et leurs enfants. Aussi chacun d'eux est tenu de faire une pension à la veuve de son prédécesseur [1]. Chaque bourreau a un ou plusieurs valets à son service. Les bourreaux de Rennes, Nantes et Vannes sont logés par les villes où ils résident ; celui de Quimper n'a pas le même avantage [2].

Les bourreaux de Rennes et de Nantes sont les frères Gasnier, qui depuis plusieurs générations se succèdent dans leur sinistre profession. Joseph Gasnier, bourreau de Rennes, a pour aides ou valets deux cousins, âgés de vingt-cinq ans. Son frère Victor Gasnier, bourreau de Nantes, est doué d'un remarquable talent pour la cuisine. Avec son métier d'exécuteur des hautes œuvres il cumule celui de restaurateur. Malgré la répulsion qu'inspirent ses fonctions de bourreau, son restaurant n'est pas dédaigné des gourmets. Prudhomme, bourreau de Vannes, est associé avec son frère cadet. Ils s'aident mutuellement. L'aîné, comme bourreau en titre, se réserve les deux tiers des profits. Il a, de plus, un valet qu'il nourrit et auquel il donne 100 liv. de gages.

Depuis l'ordonnance de 1772, toutes les affaires criminelles des juridictions seigneuriales aboutissent au Parlement, qui recevait déjà les appels de toutes les justices royales. Il en résulte que le bourreau de Rennes, qui est en même temps celui du Parlement, est le seul qui soit véritablement occupé. Il l'est d'ailleurs beaucoup moins que par le passé, parce que l'adoucissement des mœurs adoucit aussi la rigueur des condamnations. Le nombre des peines capitales et des punitions corporelles a singulièrement diminué. Les trois autres bour-

1. Arch. d'Ille-et-Vil., C. 134. — 2. Ibid. C. 134.

4

reaux ne servent plus qu'en cas de sentences prévôtales prononcées par les Présidiaux à la réquisition de la maréchaussée, pour attentats à main armée commis sur les grands chemins.

Dans les autres provinces du royaume, les bourreaux ont un traitement considérable. Celui de Rouen, indépendamment de son casuel, a 6,000 liv.; ceux de Tours, Orléans, Angers, ont 2,400 liv. Les bourreaux de Bretagne sont moins favorisés. Celui de Rennes n'a que 700 liv. de traitement fixe, dont 300 liv. payées par la ville, 250 par le Domaine, 30 par le seigneur de la vicomté de Rennes, 120 liv. par le geôlier. Cette dernière somme a même un caractère aléatoire, car le geôlier pourrait tenir lui-même les accusés à la torture, ou les faire tenir par ses guichetiers. Dans ce cas, il n'aurait rien à payer au bourreau. Le bourreau de Nantes n'a que 30 liv. de traitement fixe. Ceux de Vannes et de Quimper ont 600 liv. Ces gages sont dérisoires et suffisent à peine aux charges qui pèsent sur eux. Ils ont leurs valets à payer; de plus, chaque bourreau en exercice doit une pension à la veuve de son prédécesseur. Le bourreau de Rennes est, à ce titre, chargé d'une pension de 225 liv., le bourreau de Nantes d'une pension de 400 liv., celui de Vannes d'une pension de 350 liv.[1]

Si les bourreaux n'avaient que leur traitement fixe, leur position ne serait pas tenable. Mais ils ont un casuel. Ce sont d'abord leurs honoraires. « Le bourreau est payé de chaque exécution, savoir : 60 liv. pour rouer, 30 liv. pour pendre, 10 liv. pour fouetter et 10 liv. pour marquer, et il est payé par jour, également que son domestique, lorsqu'il va faire quelque exécution en campagne ou exposer quelque cadavre[2]. » Le produit de cette partie du casuel n'a d'impor-

---

1. Arch. d'Ille-et-Vil., C, 135. — 2. Ibid. C, 134.

tance que pour le bourreau de Rennes. Celui de Vannes n'en tire pas plus de 60 liv. par an. « Les exécutions sont infiniment rares à Quimper, de sorte que le bourreau n'en tire presque rien. » Les exécutions de Nantes produisent 200 liv. par an [1].

Ce qui rapporte le plus aux exécuteurs, c'est le droit de havage ou coutume. Ce droit n'est pas absolument le même pour les quatre exécuteurs de la province, en ce sens qu'il offre des variétés dans les détails de son application. A Quimper, le bourreau perçoit le havage « les mercredi et samedi, jours de marché, sur toutes les denrées quelconques qui se vendent soit sur la place, soit ailleurs dans la ville, excepté sur les grains, qui ne sont sujets à aucun droit que les jours d'exécution. La seule graine de chanvre y est assujettie en tout temps. » A Vannes, les jours de foire et de marché, le bourreau perçoit 5 sous par charretée de chanvre; 5 sous par charretée de suif et cire; 1 sou par charge de chanvre; 1 sou par charge de beurre; 1 sou par cochon entier; 6 deniers par demi-cochon; 6 deniers par pain de graisse de porc; 6 deniers par potée de graisse fondue; 1 sou par charretée de navets, ognons, poireaux; 6 deniers par pochée des mêmes légumes. « Les jours d'exécution, il est perçu double droit; et quand le bourreau va en commission dans les villes voisines, il y prend, le jour d'exécution, le double droit sur le même pied et sur toute espèce de grains, bestiaux et autres marchandises qui se présentent au marché [2]. » Il en est de même des bourreaux de Rennes et de Nantes. Le havage leur rapporte une somme considérable. Le bourreau de Rennes évalue à 1,000 liv. par an le produit de cette taxe dans les bourgs, lorsqu'il va en commission [3]. Le produit du havage

1. Arch. d'Ille-et-Vil., C, 135. — 2. Ibid. C, 134. — 3. Ibid. C, 135.

dépasse 1,500 liv. pour la ville de Vannes, 4,000 liv. pour celle de Nantes.

Ce droit est fort impopulaire. Il amène une foule d'aigres contestations entre les agents du bourreau et les contribuables. Dans les temps de cherté, il suscite « une fermentation dangereuse, fondée sur la répugnance du peuple à voir le bourreau renchérir sa subsistance [1]. » Dès l'année 1752, la communauté de Rennes obtint un arrêt du Conseil qui abolissait le havage dans la ville et ses faubourgs, moyennant un traitement annuel qu'elle s'engagea à payer au bourreau. La communauté de Nantes suivit cet exemple en 1764. Elle se débarrassa du havage en payant à son bourreau un abonnement annuel de 1,200 liv. L'exécuteur reçut ordre « d'ôter dès à présent, de la place du Bouffay, la potence qui y est plantée, pour la faire placer aux lieux et jours d'exécution, et l'ôter pareillement, aussitôt après l'exécution faite [2]. »

Pendant les premières années du règne de Louis XVI, le havage fut suspendu dans toute la province. Il fut ensuite complètement aboli et remplacé par un traitement fixe au profit des exécuteurs. Le gouvernement eut même un instant la pensée de supprimer les bourreaux de Nantes, Vannes et Quimper, et de ne laisser subsister que celui de Rennes. Ce projet ne fut pas réalisé [3].

Pour ce qui concerne les prisons, la première réforme à opérer était de reconstruire les prisons par trop mauvaises et de pourvoir sérieusement à l'entretien des autres. La somme de 300,000 liv. affectée annuellement sur les fonds du Domaine à l'entretien de toutes les prisons du royaume, était évidemment insuffisante [4]. Une enquête opérée en 1769 établit que, dans toutes les provinces, les auditoires et les prisons

1. Arch. d'Ille-et-Vil., C, 134. — 2. Ibid. C, 134. — 3. Ibid. C, 135. — 4. Ibid. C, 123.

étaient dans un état de délabrement général. Le gouvernement fut effrayé des charges que les réparations allaient imposer au Trésor. Le 29 mars 1773 parut un arrêt du Conseil qui rejetait ce fardeau sur les villes. Les raisons alléguées dans cet arrêt étaient les avantages qu'elles retiraient de l'existence des auditoires et des prisons, l'affluence de peuple que les tribunaux amenaient dans leur enceinte, la plus-value qui en résultait pour leurs octrois [1]. Les villes se trouvèrent donc chargées de l'entretien de leurs prisons. Mais il était impossible de compter pour ce service sur les communautés de Bretagne, depuis longtemps obérées. La plupart avaient à peine des ressources suffisantes pour leurs dépenses ordinaires. « Quand il leur reste quelques fonds libres, écrit en 1782 l'intendant, les officiers municipaux ont la plus grande répugnance à les employer aux réparations des prisons, surtout depuis qu'elles sont remplies de prisonniers qui étoient ci-devant à la charge des seigneurs [2]. » Les communautés étaient d'autant plus mécontentes du fardeau qui leur était imposé, que le gouvernement levait déjà sur elles, sous le nom d'octrois municipaux, une taxe dont le produit aurait suffi à l'entretien des prisons [3]. La ville de Nantes se trouvait dans une situation exceptionnelle. En 1742, le roi lui avait abandonné plusieurs rentes domaniales; ainsi que le loyer de divers bâtiments adossés aux prisons et au Palais-de-Justice, à condition qu'elle se chargerait de l'entretien de son auditoire et de ses prisons. La communauté, cependant, refusait de tenir son engagement comme trop onéreux [4].

Les intendants, qui connaissaient l'impuissance des villes de Bretagne, défendaient énergiquement leur cause auprès du contrôleur général. Ils firent si bien que l'arrêt du Conseil de

1. Arch. d'Ille-et-Vil., C, 118. — 2. Ibid. C, 134. — 3. Ibid. C, 123. — 4. Ibid. C, 124.

1773 ne fut jamais sérieusement appliqué. C'est aux frais du Domaine que furent rebâties les prisons de Lesneven et de Saint-Brieuc. Celle de Ploërmel fut agrandie et réparée dans les mêmes conditions. En même temps, Bertrand de Molleville réclamait avec éloquence l'amélioration du sort des prisonniers. Il proposait avec insistance d'assurer aux geôliers un salaire fixe, de mettre en adjudication la fourniture du pain, celle de l'eau et de la paille. Toutes ces questions étaient à l'étude et près d'être résolues, comme le prouvent les fréquentes circulaires des ministres, les avis et les renseignements qu'ils demandaient aux intendants. Les abus séculaires de l'administration des prisons allaient disparaître, quand survint la Révolution française [1].

Ant. DUPUY.

---

1. Dans cette étude, nous n'avons parlé que des prisonniers ordinaires, en laissant de côté les détenus enfermés par lettre de cachet soit dans divers monastères, soit dans les forteresses de la côte. Cette seconde espèce de prisonniers sera l'objet d'un autre travail, que nous consacrerons aux lettres de cachet.

Rennes. — Imp. Catel.

www.ingramcontent.com/pod-product-compliance
Lightning Source LLC
LaVergne TN
LVHW022201080426
835511LV00008B/1511